Œuvres & thèmes

Collection dirigée par Hélène Potelet et Georges Décote

Le récit de Gilgamesh

classiques Hatier

adapté par Jacques Cassabois

© Hachette Livre 2004
© Hatier
Paris 2009
ISBN 978-2-218-93642-5
ISSN 0184 0851

W0004955

Marie-Hélène Philippe,
agrégée de lettres classiques

L'air du temps

La Mésopotamie antique

La naissance des villes et de l'écriture

■ Vers 3700 av. J.-C. : naissance des **villes** dans le sud de la Mésopotamie (pays de Sumer) ; invention de la technique de l'**irrigation** (creusement de voies d'eau artificielles).

■ Vers 3000 av. J.-C. : apparition de l'**écriture cunéiforme** (signes en forme de coins ou de clous).

■ Vers 2650 av. J.-C. : règne de Gilgamesh, roi légendaire d'Ourouk, en Mésopotamie (actuel Irak).

■ Vers 2300 av. J.-C. : écriture de récits rudimentaires retraçant les exploits de Gilgamesh, en langue cunéiforme. Cinq ont été retrouvés.

■ Vers 1200 av. J.-C. : l'œuvre trouve sa forme définitive en douze tablettes.

Histoire des arts

■ Les premiers artistes consacrent leurs talents à **l'architecture** (travail de la brique, construction de temples et de palais), à **la statuaire** (sculptures de divinités, de taureaux ailés…), aux **bas-reliefs** et **plaques émaillées**, à la gravure des **sceaux cylindres** : des petits rouleaux en pierre ou en métal, que l'on déroulait sur l'argile fraîche des tablettes, pour obtenir l'image d'une bande continue ; ils servaient de sceaux ou de signature (voir p. 60).

Taureau en brique vernissée, VIe siècle av. J.-C. Relief de la voie processionnelle de la Porte d'Ishtar, à Babylone.

Sommaire

Introduction — 4

Le récit de Gilgamesh

Extrait 1
« Voilà le domaine dont Gilgamesh est le maître. » — 8

Extrait 2
« J'ai trouvé mon semblable ! » — 16

Extrait 3
« C'est Houmbaba le monstre » — 29

Extrait 4
« Le Taureau Céleste arrive à Ourouk ! » — 39

Extrait 5
« Je ne t'oublierai pas, Enkidou » — 48

Extrait 6
« J'ai décidé d'aller chercher la vie-sans-fin. » — 58

Extrait 7
« Voilà comment tu deviendras immortel ! » — 69

Extrait 8
« Accepte ta vie, dès cet instant » — 84

Questions de synthèse — 94
Index des rubriques — 96

Introduction
Le récit de Gilgamesh

La première épopée du monde : histoire du texte

L'*Épopée de Gilgamesh* est **la plus ancienne légende écrite** que nous possédions. Elle se présente sous forme d'un long poème qui raconte en 3 000 vers environ, l'histoire de Gilgamesh, roi légendaire d'Ourouk, ancienne capitale de la région de Sumer, au sud de la Mésopotamie (actuel Irak).

L'épopée s'est d'abord transmise à l'oral puis elle a été mise par écrit, en écriture cunéiforme, sur douze tablettes d'argile. Sur chacune des tablettes figurait un épisode de la vie du héros. Vers 1200 avant Jésus-Christ, un scribe rassembla tous les épisodes pour former un récit suivi. Ce n'est qu'en 1872 que les tablettes nous sont parvenues et ont pu être déchiffrées. Un certain nombre d'entre elles étaient endommagées mais, malgré les vers manquants, on a pu reconstituer **le récit des exploits du roi Gilgamesh** qui a combattu avec son ami Enkidou le monstre Houmbaba et le Taureau Céleste, puis recherché le secret de l'immortalité. Au cours d'un périple à travers le monde, il rencontre enfin le sage Outa-napishti, seul survivant du déluge, qui lui raconte comment il a réchappé de la catastrophe et comment il est devenu immortel.

De nombreuses traductions du texte ont été réalisées dans toutes les langues. Le texte que vous allez lire est une **adaptation réalisée par Jacques Cassabois** (né en 1947), lauréat du Grand Prix de la Société des gens de lettres et du ministère de la Jeunesse et des Sports, auteur de nombreux ouvrages pour les adolescents et pour les adultes. Il a mis le texte à la portée de tous et en a respecté la poésie et l'esprit.

Le personnage de Gilgamesh

Gilgamesh aurait existé : il est mentionné comme roi d'Ourouk vers 2650 avant Jésus-Christ. On lui attribuait une **origine divine** et on le vénérait comme un dieu : sa mère était la déesse Ninsuna, qui régnait sur les buffles. Grand chef militaire de la puissante cité, Gilgamesh apparaît, bien avant l'écriture de l'épopée, comme **un roi très puissant** : c'est lui qui aurait fait bâtir les murailles d'Ourouk.

On le voit représenté sur de nombreux bas-reliefs, sculptures ou sceaux cylindres sous les traits d'un géant barbu qui combat les lions, les taureaux et autres monstres.

La civilisation mésopotamienne

Les aventures de Gilgamesh se déroulent en **Mésopotamie** (dont le nom signifie en grec « pays entre deux fleuves »), une région **située entre le Tigre et l'Euphrate**.

Le pays est d'une grande fertilité, enrichi par les alluvions des fleuves, mais il ne possède ni pierre, ni minerai, ni bois. Pour se fournir en bois, il fallait recourir au commerce ou au pillage des forêts lors d'expéditions militaires. L'expédition de Gilgamesh dans la Forêt des Cèdres renvoie sans doute aux expéditions qu'il fallait mener pour se procurer le bois précieux.

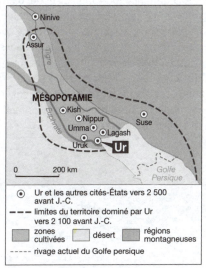

La Mésopotamie fut très tôt **le foyer d'une brillante civilisation**. Dès 6000 avant Jésus-Christ, la technique de l'irrigation permet le développement **de l'agriculture et de l'élevage** puis, vers 4000 avant Jésus-Christ, alors que se constituent **les premières villes**, la multiplication des échanges commerciaux favorise **l'invention de l'écriture**. Composée de signes en forme de clous (d'où son nom d'écriture *cunéiforme*), elle est tracée avec un calame (roseau) sur des tablettes d'argile.

Un récit fondateur

Le récit de Gilgamesh a eu une grande portée dans tout le Proche-Orient, puis en Occident. **L'épisode biblique du Déluge** présente bien des ressemblances avec le déluge vécu et raconté par Outanapishti, seul survivant de la catastrophe, dans l'épopée de Gilgamesh.

De même, certains thèmes ou personnages de la mythologie grecque (influence des dieux sur le destin des héros, amitié entre Achille et Patrocle, exploits d'Hercule) renvoient à Gilgamesh.

L'épopée de Gilgamesh traite de **questions fondamentales** concernant l'existence humaine : la vie et la mort, l'amitié et, surtout, la question de l'immortalité. Elle enseigne une grande **leçon de sagesse** : l'homme n'est pas éternel, ainsi en ont décidé les dieux ; aussi ne faut-il pas trop penser à la mort, mais **vivre pleinement sa vie d'humain** et accomplir des **actions** dont la postérité **pourra se souvenir**.

Le récit
de Gilgamesh

...plette relatant l'Épopée ... Gilgamesh. Londres, ...tish Museum.

Extrait 1

« Voilà le domaine dont Gilgamesh est le maître. »

Chapitre 1

[…] Gilgamesh, donc, règne sur une ville de Mésopotamie : Ourouk. Une capitale puissante, redoutée de ses voisins et protégée par un rempart de briques hérissé de neuf cents tours. Une capitale fertile : mille hectares de jardins, de vergers, d'enclos pour le bétail, petit et gros, d'étangs poissonneux, de temples et de palais, de quartiers résidentiels pour les puissants, de quartiers populeux où la vie déborde dans les ruelles, d'ateliers où le four du potier n'a jamais le temps de refroidir, où l'osier n'est jamais inerte entre les mains du vannier[1], et la forge toujours incandescente pour fondre le bronze, couler les armes et les outils. Une capitale bruissante. Le grand fleuve Euphrate, après son périple depuis les neiges d'Arménie, s'y apaise avant d'épouser la mer. Et ses eaux, poussées par la rame tranquille des bateliers aux barques de roseaux, font partout chanter ce jardin de la création.

Voilà le domaine dont Gilgamesh est le maître. Il le gère, le dirige à sa guise, le plie à sa volonté et ne rend compte de ses actes qu'aux dieux, les véritables propriétaires. Ils sont deux à se partager la vie et à la protéger. Anou, le plus grand de tous, et Ishtar, la Dame-du-Ciel, qui règne sur l'amour et aussi sur la guerre.

Pourtant, malgré cette protection, Ourouk ne connaît pas la paix car Gilgamesh ne lui laisse aucun répit. Il se conduit

---

[1]. Artisan qui réalise des objets en bois d'osier (paniers, fauteuils…).

avec son peuple comme avec ses ennemis : brutal, autoritaire, violent. Le pays est à lui, avec tout ce qu'il contient : les terres et leurs fruits, les bêtes et leurs petits, les hommes, les femmes, les enfants. Il y puise à volonté, comme en un silo[2], selon ses désirs, ses caprices. Sa main est lourde et ses appétits dévorants. Il reprend les terres qu'il a données en récompense, crée sans cesse de nouvelles taxes, impose des corvées, diminue les salaires journaliers, payés en orge, en dattes, en huile de sésame… Et lorsqu'il quitte son palais, ses descentes en ville sont redoutées. Il débarque dans les quartiers avec ses courtisans braillards[3] – des voyous –, provoque des querelles pour le plaisir d'étaler sa force et de casser. On suit sa trace aux échoppes[4] sens dessus dessous, aux maisons éventrées, aux terrasses écroulées, aux cris, aux larmes, aux lamentations.

« Pauvres de nous ! Qui nous débarrassera de lui ?
– Il a besoin d'une leçon !
– Qui en viendra à bout ? »
Mais personne pour oser l'affronter. Il le sait !

Pourtant, son arrogance[5] et ses excès ne seraient rien s'il ne s'en prenait qu'aux biens. Il y a pire : les jeunes gens, qu'il enrôle dans sa troupe, pour guerroyer au loin, changés en fauves cruels, en barbares ; et les jeunes filles, qu'il couche dans son lit, pour son plaisir.

Alors, partout, dans les foyers où des jeunes ont déjà été abîmés, dans les foyers où la menace n'est pas encore tombée, les pères ruminent leur colère, les mères ravalent leur chagrin, et chacun, prenant les statues des ancêtres à témoin, appelle les dieux à l'aide, car il n'y a de recours qu'en eux.

Les dieux sont en effet les créateurs du monde : ils ont tiré de la Mer la première motte d'argile, dont ils ont façonné le

---

2. Grand réservoir où l'on entrepose les grains de blé ou d'autres céréales.
3. Personnes qui crient fort, de façon désagréable.
4. Petites boutiques.
5. Insolence méprisante.

monde. Ils ont mêlé leur sang à la boue et touillé ce mélange pour donner naissance à l'humanité. Ils ont doté les hommes[6] d'un esprit, pour les protéger de l'oubli. Puis ils leur ont remis la houe[7], le couffin[8], le moule à briques, pour qu'ils fassent pousser les plantes et construisent le pays. Ils sont immenses et tout-puissants. Et même si Gilgamesh est leur préféré, ils ne peuvent ni rester sourds aux prières, ni demeurer insensibles aux offrandes qui, de toute la ville, s'élèvent vers leur résidence du Ciel.

Cela n'impressionne pas Gilgamesh. Il entend les dévotions[9] et voit monter les fumées des sacrifices. Il sent le fumet des viandes grillées – moutons, béliers – et l'odeur du sang répandu sur les autels. Il rit. Il s'esclaffe[10]. Tant de murmures contre lui, marmonnés par tous les silencieux-du-pays et pas un seul qui ait le courage de se dresser devant lui pour dire ses reproches à voix haute !

« Vous perdez votre temps ! Les dieux ne vous écouteront pas, ils sont de mon côté. Je leur ressemble. Je suis fier comme eux, orgueilleux, et j'ai déjà un pied dans le Ciel, car ma mère, Ninsouna, est la déesse du gros bétail. Et moi, son fils, je suis le Buffle d'Ourouk ! »

Sur la terrasse de son palais, Gilgamesh hurle ses sarcasmes[11] sur sa ville et ses cris parviennent aux portes du Ciel, mêlés aux prières de son peuple dont la clameur recouvre l'horizon comme un manteau.

Les dieux entendent et voient. Ils se penchent sur la Terre. Ils écoutent avec attention, regardent et réfléchissent. Ils sont embarrassés.

---

6. Ils ont donné aux hommes.
7. Pioche dont on se sert pour remuer la terre.
8. Panier.
9. Prières.
10. Éclate de rire.
11. Moqueries méchantes.

Bien sûr, Gilgamesh est leur favori, c'est un demi-dieu, mais pour le satisfaire, peuvent-ils courir le risque de mécontenter tous les hommes ? Qu'ils viennent à se mettre en grève, les gens à la tête noire, brûler leurs outils comme jadis les dieux ouvriers, au tout début des temps ! Qui entretiendrait le domaine ? Plus personne pour curer[12] les canaux, pour manœuvrer les chadoufs[13]... L'orge blêmirait[14] dans son sillon, l'herbe des prairies jaunirait, la plaine se couvrirait de salpêtre[15] et le pays tout entier serait grillé par le vent.

Alors, inquiets, les dieux battent le tambour de l'Assemblée, se tournent vers Anou, leur père à tous, et le prennent à partie.

« C'est toi qui as voulu Gilgamesh tel qu'il est, impétueux[16], dévastateur, à la toison d'orgueil épaisse comme la crinière du lion. Écoute gémir ceux qu'il persécute. Leurs plaintes s'élèvent comme une nuée, noire de poix[17].

– De tous les hommes qui sont passés par le moule d'Arourou[18] la Grande Mère, répond Anou, il est le mieux pétri, le mieux cuit, et je ne ferai rien qui puisse l'endommager.

– Il ne s'agit pas de l'endommager ! Le contenir tout au plus, le freiner. Lui montrer que nous surveillons le monde d'En-bas, que rien ne nous en échappe et que c'est nous qui écrivons la tablette de son destin !

– Cela redonnera espoir aux hommes. Faute de quoi, ils cesseront de croire en nous... »

Anou écoute ses collègues argumenter. Son regard bleu de lapis-lazuli[19] les fixe avec intensité. Il joue avec les boucles de

---

12. Nettoyer.
13. Appareil à bascule servant à puiser l'eau.
14. Blanchirait.
15. Moisissure.
16. Vif.
17. Matière noire et gluante qui s'obtient en brûlant de la résine.
18. Dans la civilisation mésopotamienne, Arourou, la grande déesse-mère, a créé les hommes avec Éa.
19. Pierre ornementale d'un bleu intense, dont l'utilisation remonte aux civilisations antiques.

sa barbe frisée. Seul, dans sa splendeur magnifique, il cherche une solution, puis il se tourne vers Éa, l'ingénieur des dieux, le grand inventeur, et laisse tomber un mot :

« Rival ! »

Éa voit aussitôt comment transformer l'idée d'Anou en plan d'action. Il se lève, s'approche d'Arourou la Grande, s'accroupit devant elle et pose ses deux mains sur son vieux ventre plat.

« Mère Sublime de tous les prototypes[20], ton moule est-il encore assez gras ? lui demande-t-il. Peut-il encore enfanter la vie ? »

Arourou la Vénérable sourit. Ses yeux brillent à l'idée d'une nouvelle aventure.

« Avec ton concours, Éa, je suis capable de tout !... »

Alors, ils quittent l'Assemblée des dieux où le tambour a recommencé de battre, puis descendent sur la terre et disparaissent dans la steppe[21].

---

20. Premiers hommes créés.

21. Plaine des régions sèches, couverte d'herbes.

Questions

« Voilà le domaine... »

Repérer et analyser

La ville d'Ourouk

1 a. Dans quelle région du monde la ville d'Ourouk se trouve-t-elle ?
b. Par quel fleuve est-elle arrosée ? Reportez-vous à la carte page 5.
c. Qui en est le roi ?

2 a. Relevez les trois adjectifs qui caractérisent la capitale (l. 1 à 15).
b. Par quelle construction est-elle protégée ?
c. Caractérisez cette construction : matériau utilisé, forme et nombre des bâtiments qui la composent.

3 Une figure de style : l'énumération

L'énumération consiste à énoncer une série de termes. L'énumération crée un effet d'abondance.

Relisez les lignes 1 à 11 : faites la liste des différents éléments que l'on trouve dans la ville (végétation, faune, métiers).

4 Quelle image se dégage de cette ville ?

Le personnage de Gilgamesh

5 Relevez trois adjectifs qui caractérisent Gilgamesh (l. 22 à 27).

6 Le champ lexical

On appelle champ lexical un ensemble de mots appartenant à un même thème.

a. Comment Gilgamesh se comporte-t-il dans sa ville ? Relevez le champ lexical de la destruction, l. 32 à 37.
b. Gilgamesh craint-il ou non les dieux ? Pourquoi ?
c. À quel animal s'assimile-t-il ? Quelle image donne-t-il de lui ?

7 a. Quels sentiments les habitants éprouvent-ils à l'égard de Gilgamesh (l. 47 à 51) ?
b. Quelle demande font-ils aux dieux ?

Le récit de Gilgamesh

Les caractéristiques de l'épopée : le merveilleux

Dans l'épopée, on trouve des éléments merveilleux, c'est-à-dire que l'on ne peut rencontrer dans la réalité. On voit par exemple les dieux intervenir dans la vie des humains.

8 a. De qui Gilgamesh est-il le fils ? Pour quelle raison les dieux sont-ils embarrassés par son comportement ?

9 Quels sont les différents dieux présents lors de l'assemblée ? Quelle décision prennent-ils ?

10 Comment les hommes sont-ils créés, selon la mythologie mésopotamienne ?

Étudier le vocabulaire

Les métiers

11 En quoi consiste le travail du potier ? du vannier ? du forgeron ?

Les suffixes

Un suffixe est un élément placé après le radical. Ex : pot*ier*. Le suffixe -ier sert à créer des noms de métiers.

12 a. Trouvez deux autres noms de métiers comportant le suffixe -ier.
b. Trouvez deux noms de métiers formés à partir de chacun des suffixes suivants : -eur ; -iste ; -ien ; -er.

Écrire

Décrire une ville

13 Décrivez une ville que vous connaissez (proche de chez vous ou non). Utilisez une énumération.
Exemple : Dans cette ville, il y a… / on admire…

« Voilà le domaine dont Gilgamesh est le maître. »

Se documenter

La naissance des villes
Vers 3700 avant Jésus-Christ, dans le sud de la Mésopotamie, apparaissent les premières villes. La cité d'Ourouk est une des plus connues. Les murs des bâtiments sont en brique ; les temples sont bâtis en hauteur.
Les tours ou ziggourats sont caractéristiques de l'architecture mésopotamienne. La plus célèbre des ziggourats est la tour de Babel, qui se trouve à Babylone.

Les dieux mésopotamiens
Arourou est la déesse-mère qui a créé les hommes.
Anou, dieu du Ciel, a pour fils Enlil, dieu du Vent, et Enki-Éa, dieu des Eaux douces, grand inventeur et créateur de l'humanité. Ishtar est la déesse de l'Amour.

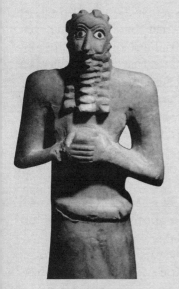

Temple du dieu Anou, à Ourouk.

Déesse respirant une fleur, bas-relief en gypse, 13,5 x 4,4 cm, vers 2350-2200 av. J.-C., site de Mari, Mésopotamie.

Extrait 2

« J'ai trouvé mon semblable ! »

Chapitre 2

[…] Des pâturages pelés, des buissons, quelques arbres figés, la poussière soulevée par un troupeau, le rugissement d'un lion, la fuite des gazelles, la fumée des feux de bergers et, au loin, la lumière dorée qui danse sur le fleuve…

C'est dans une steppe pareille qu'Éa et Arourou s'installent. La terre, ici, n'a pas la finesse des alluvions[1] apportées par les crues de l'Euphrate. Elle est grossière, parsemée d'écorces et de graviers. Mais c'est le bon matériau pour l'œuvre qu'ils ont promis d'accomplir. Un homme rudimentaire[2]. Un être tout d'un bloc, à la fibre compacte et dure. Une flamme brûlera en lui, mais charbonneuse, comme l'aube avant le lever du jour.

Éa, sans attendre, creuse comme s'il ouvrait un fossé dans le sol, puis crache dans la terre et commence à pétrir.

Jadis, pour la première fournée d'hommes, il avait fallu tuer un dieu et incorporer à l'argile sa chair et son sang. Pour ce nouvel être, la salive suffit. Elle est le levain qui fera gonfler sa pâte.

Arourou chantonne pendant qu'Éa malaxe. Son chant s'étend sur la steppe comme une tente, étouffe tous les bruits, endort chaque être animé. Les dieux sont seuls. Ils créent.

Lorsque du matériau monte une vapeur, Arourou prend la relève d'Éa. Elle modèle la créature et lui donne sa forme.

---

1. Boues apportées par les eaux d'un fleuve.
2. Primitif, simple.

Après quoi, elle cueille un rameau[3] de tamaris[4] et fouette le pâton[5] inerte pour y éveiller la vie, puis elle rejoint Éa et tous deux observent à l'écart.

C'est l'instant du mystère. Quel être, réellement, se prépare à naître ? Sans doute, son destin est tracé : conçu pour servir de rival à Gilgamesh. Anou l'a dit. Mais ce destin, écrit sur sa tablette, comment l'accomplira-t-il ? Éa aime les hommes. Il ne manque jamais une occasion de leur venir en aide. Ils sont habiles comme lui, ingénieux, capables de prouesses, et chaque fois qu'en duo avec Arourou, il a créé un nouveau prototype, il n'a pu s'empêcher de rêver sur l'avenir…

Dans le grand corps immobile, la vie commence à chauffer. La terre croûte en surface. Des écailles sèches tombent. Une peau grenue[6] apparaît sous la gangue[7]. La poitrine frémit. Le souffle circule, cherche la narine.

Arourou et Éa se regardent. Leur créature est achevée et il est temps, pour eux, de quitter les lieux. Pendant qu'ils s'éloignent, le mystère se défait, la steppe retrouve sa mouvance[8] et le nouvel être s'accroupit en grognant. Il hume le vent, se dresse sur ses jambes, fait claquer ses mâchoires.

Le sillage des dieux ne s'est pas encore refermé. Satisfaits de leur ouvrage, ils échangent, de créateur à créateur, leurs pensées intimes.

« Nous l'avons descendu du Ciel pour qu'il accomplisse notre plan, confie Arourou. La terre, dorénavant, n'est plus tout à fait la même.

– Quelque chose va changer, en effet. La créature est encore dans la nuit, mais elle connaîtra le jour. Enkidou… »

L'être entend ces sons. Une ombre passe dans son regard. Il ne peut ni savoir, ni comprendre. Il n'est qu'au premier

---

3. Petite branche.
4. Petit arbre à fleurs roses.
5. Morceau de pâte façonné.
6. Qui présente de petits grains.
7. Croûte de terre.
8. Son mouvement.

matin de sa vie et sa mémoire est vide, mais il aime ces harmonies portées par le vent. Il ouvre la bouche et souffle à son tour, en modulant le son.

« Ou... ou... ou... »

Il s'étonne du bruit qu'il produit. Il s'interrompt, reprend, crie. Il est ému par ce pouvoir qui gonfle sa poitrine. Il soulève un pied, puis l'autre. C'est sa première joie. Il sent la résistance du sol, frappe pour l'éprouver, avance en se déhanchant et accomplit ainsi ses premiers pas, à la manière d'une danse.

Enkidou est né et le jour passe sur lui, chargé d'émotions inconnues.

*

La nuit suivante, dans son palais, Gilgamesh se redresse sur son lit. Il suffoque. Un cauchemar vient de le réveiller. Il est troublé. Il n'arrive pas à en percer le sens. Favorable ou funeste ? Il appelle sa mère, la déesse Ninsouna, qui arrive aussitôt. Elle se tient, invisible à la tête de son lit, et il se confie à elle, dans la pénombre de sa chambre.

« Mère, reine du gros bétail, voici : j'étais entouré par les étoiles et, soudain, une pierre tombée du ciel s'est écrasée à mes pieds. J'ai voulu l'enlever de là et, sans attendre, je l'ai prise à pleins bras. Mais j'ai été incapable de la soulever, moi, Gilgamesh. Ma force s'est changée en faiblesse. Alors, toute la population s'est rassemblée, comme des moucherons sur la rivière, pour fêter l'arrivée de ce bloc. Et toi aussi, tu étais là. Tu nous caressais. Tu nous appelais tes fils préférés. Explique-moi ce songe ! »

Une lueur, soudain, auréole la tête de Gilgamesh. C'est sa mère qui lui répond.

« Ton rêve est bon, mon fils. Les étoiles autour de toi, ce sont les dieux. Tu es toujours leur favori et ils t'ont envoyé un ami. Il est fort et puissant. Toi et lui, vous formerez un attelage irrésistible. »

Gilgamesh se rendort rassuré. La nuit passe, puis le jour, tiré par le char du soleil, Shamash, puis une nouvelle nuit que traverse la barque d'argent de Sîn, la lune.

Gilgamesh, pour la seconde fois, réclame sa mère, car un autre rêve, plus étrange, le secoue.

« Cette fois-ci, je déambulais dans Ourouk. Un attroupement m'a attiré et je suis allé voir. Une hache était debout sur la place et tous l'admiraient. Même moi, quand je l'ai vue, je me suis prosterné devant elle et je l'ai embrassée, comme une épouse. Puis, je l'ai suspendue à ma ceinture et lorsque tu nous as vus, elle et moi, tu nous as appelés tes fils ! Ce songe est-il de bon ou de mauvais augure ? Dis-le !

– De bon augure, mon fils. Du meilleur ! Car cette lame est fertile. Elle va entailler ton cœur, comme celle du jardinier qui prépare une greffe. Il en naîtra une amitié robuste ! »

Puis sa mère disparaît, comme elle est apparue, à la manière imprévisible des dieux lorsqu'on les sollicite. Mais, malgré ces interprétations favorables, Gilgamesh demeure tourmenté.

Imagine cela, aussi ! Tu es un puissant de la terre. On te redoute, on t'évite. Tu as gagné toutes tes batailles et tu ne crains personne. Pourtant, un jour, un rival se présente et avant même de l'avoir vu, avant qu'on t'en ait parlé, tu le sens. Il est là, niché dans tes rêves. Alors, pour la première fois, tu t'interroges. Tu es comme une eau troublée par le limon[9]. En alerte. Un événement va surgir et tu attends.

Et l'événement surgit !

Quelques jours après son second rêve, en effet, une nouvelle parvient à Gilgamesh. Le messager est un chasseur. Il est bouleversé lorsqu'il se présente au palais. Depuis plusieurs lunes, en effet, son territoire de chasse est dévasté. Les pièges

[9]. Fines particules de terre entraînées par les eaux des fleuves.

qu'il creuse sont comblés, les filets qu'il tend sont déchirés.
Plus une prise, plus une pièce à son tableau de chasse. Toutes
ses ruses sont éventées. Lorsqu'il s'approche d'un gibier, même
à contre-vent, même couvert d'argile pour effacer son odeur
d'homme, avant d'être à portée de flèche, l'animal s'enfuit.
Comme s'il savait ! Comme si quelque chose veillait, lui donnait
un signal !

Après avoir cherché la cause, il se trouve un jour nez à nez
avec elle.

« C'est un être, dit-il, qui marche sur ses jambes, ressemble
à un homme et vit parmi les bêtes. Berger des gazelles, il ne
les quitte jamais. Il les conduit aux points d'eau, les protège
des lions qu'il chasse à mains nues, se perche dans un arbre
pendant qu'elles broutent, les soulage de leur lait en les tétant
à la mamelle. Sa peau est épaisse comme un cuir d'aurochs[10],
couverte de poils, et ses cheveux emmêlés, souillés de terre et
de brindilles, pendent en nattes grossières dans son dos et lui
battent les fesses.

« C'est une force, une puissance. C'est une montagne vivante.
Il te ressemble, Gilgamesh, Buffle d'Ourouk.

« Il m'a surpris, je creusais une fosse. Je l'ai vu, hirsute,
puant, et sa colère, en voyant mon piège, s'est mise à cracher
le feu épouvantable de son ventre. Je me suis enfui, mais ses
yeux m'ont suivi. Ils sont là, devant moi, quand je parle : deux
étoiles fraîches dans une face de nuit. »

Gilgamesh écoute le chasseur et comprend.

Le voici donc, l'inconnu annoncé par ses rêves. La pierre
tombée du ciel et la hache. Il est là. Gilgamesh le voit, tel que
le chasseur l'a dépeint. Il sent monter sa colère, le désir de se
mesurer à lui, de l'abattre, et il élabore déjà un plan pour le
casser.

---

10. Bœuf sauvage proche du bison.

Résumé du chapitre 3 : *Gilgamesh envoie dans la steppe une femme chargée de séduire Enkidou, afin de lui faire perdre sa force sauvage. Le plan réussit : Enkidou découvre l'amour, le parfum de la femme et une nouvelle nourriture, le pain. Les animaux le fuient.*

La femme le conduit à Ourouk afin qu'il y rencontre Gilgamesh. Les habitants l'accueillent comme un sauveur qui les défendra contre la brutalité de leur roi.

Chapitre 4

Gilgamesh, justement, est de sortie. En route, accompagné de sa bande, pour une de ces virées que les pères et les mères redoutent. Une noce a lieu et il s'y est invité. Il vient coucher avec la mariée, pour donner son avis sur ses qualités d'épouse. C'est un droit révoltant qu'il s'octroie[11]. La terre, prétend-il, est plus féconde quand elle est ensemencée par le roi. La stupeur qu'il provoque dans les familles l'amuse toujours et il se réjouit à l'idée du mauvais quart d'heure qu'il va faire subir.

En chemin, pour se mettre en appétit, il bouscule un troupeau de chèvres en travers de sa route, piétine l'éventaire[12] d'un jardinier qui vend ses légumes, démolit l'auvent[13] de roseaux d'un cordonnier, à l'ombre pour tresser ses sandales.

La rumeur de son arrivée se répand aussitôt, comme un venin, et parvient jusqu'au groupe qui porte Enkidou en triomphe.

« Ça tombe bien ! Il faut en profiter pour lui régler son compte.

– Oui, Enkidou ! Fais-lui son affaire, à ce vaurien. Défends-nous !

---

11. S'accorde.
12. Étalage en plein air.
13. Petit toit incliné au-dessus d'une boutique ou d'une porte, pour protéger de la pluie et du soleil.

– Protège nos femmes ! Oblige cette canaille à respecter les usages ! »

Enkidou est ivre de leurs cris, de leur excitation. Il sent l'exaspération, la colère des gens, leur désir de vengeance. Il les voit, serrés autour de lui, comme des moutons autour d'un abreuvoir. Ils ont soif de revanche et ils espèrent qu'il sera leur source.

Impuissant, il se laisse imprégner par la fièvre de la foule. Il n'est plus lui-même. Le peuple est entré en lui et il tremble de sa rage.

C'est alors qu'il rencontre Gilgamesh. Il a déjà dévasté la haie de clôture qui entoure la maison des noces et il s'apprête à fondre sur sa proie, avec sa nuée de vautours.

Enkidou, d'un cri, l'arrête :

« Homme ! »

La rue se tait.

Gilgamesh regarde Enkidou, le champion envoyé par les dieux. Malgré son accoutrement[14] de sauvage, il lui ressemble, c'est vrai. À peine moins grand, mais trapu. Comme un bloc de diorite[15] sans défaut, tout juste dégrossi par le burin[16] du carrier[17].

« L'époux tient la main de l'épouse, dit Enkidou. Personne d'autre. C'est coutume. »

La rue vibre de la colère d'Enkidou. Cela amuse Gilgamesh et il excite le colosse.

« Alors, qu'est-ce que tu attends ? Fais respecter la coutume !

– Enkidou fait ! »

Et il avance vers Gilgamesh. Il ne court pas. Il marche et son pas est lourd sur la terre battue, encombrée de détritus

---

14. Vêtement étrange, ridicule.
15. Roche sombre et brillante.
16. Ciseau d'acier.

17. Personne qui travaille dans une carrière.

et de tessons[18]. Arrivé devant Gilgamesh, il le saisit à bras-le-corps[40]. Gilgamesh fait de même. Leurs mains claquent sur leurs flancs, leurs muscles roulent sous leurs poignes et se durcissent.

Serrés l'un contre l'autre, tendus, les deux hommes écoutent monter leur fureur. Ils grondent :

« Je vais te réduire en ruine, comme une ville vaincue !

– Enkidou abattre ta montagne, l'aplanir comme steppe ! »

Et leur fureur explose soudain, sous la pression du flot de haine qui pousse. Les corps se déchaînent et les coups s'abattent.

Alors, la foule entre dans la bagarre à son tour, s'exclame, halète du même souffle que les lutteurs, hurle des encouragements à son favori, scande son nom :

« Enkidou !... Enkidou !... »

Des imprécations[20] s'envolent.

« Tue-le ! »

Noirs oiseaux de violence !

Les deux hommes sont isolés dans leur querelle. Ils n'entendent pas. Ils se repoussent, pour s'élancer à nouveau, s'attaquer, s'ébranler.

Ils ont changé de quartier. La noce est oubliée et la mariée. On les suit de loin, au mouvement des clameurs qui les accompagnent, à la nuée de poussière qui entoure leur combat. Des maisons sont saccagées. Des spectateurs bousculés s'écroulent en pleurant un membre brisé.

Bientôt, les géants parviennent sur la place principale d'Ourouk, devant les temples d'Anou et Ishtar. Ils prennent les dieux à témoin de leur duel.

---

18. Débris de poteries.
19. Avec les bras et par le milieu du corps.
20. Malédictions.

Gilgamesh maîtrise l'art du pugilat[21]. Il en possède toutes les astuces. Plus fin que son adversaire, il esquive[22], économise sa force et frappe à bon escient[23]. Enkidou, lui, ne connaît pas la ruse. Il ne feinte[24] pas, ne recule pas, ne se protège pas. Il encaisse et cogne, bélier obstiné, contre le rempart qu'il veut abattre.

Nul n'a encore pris l'avantage. Mais Enkidou a l'habitude des longs efforts et Gilgamesh s'irrite d'une telle endurance. Personne ne lui a encore tenu tête aussi longtemps. Cette résistance est déjà une mise en échec.

Alors, il s'emporte. Contre Enkidou. Contre lui-même. Il veut hâter la fin du combat, redouble de puissance. Et c'est lorsqu'ils sont engagés dans un nouveau corps à corps, comme deux taureaux qui ont enchevêtré[25] leurs cornes, que Gilgamesh s'immobilise soudain, les pieds au sol, maintenu par Enkidou.

La foule n'en revient pas. Gilgamesh entravé[26] pour la première fois ! Déjà, elle vocifère des cris de joie vengeurs et des sarcasmes.

« Gilgamesh a trouvé son maître !
– Va jusqu'au bout, Enkidou ! Termine le travail !
– Débarrasse-nous de lui et prends sa place !
– Enkidou, roi d'Ourouk !... Enkidou, roi d'Ourouk !... »

Mille poitrines reprennent ce cri, l'élèvent comme une prière devant le temple d'Anou, pour que le dieu la reçoive et l'exauce.

Enkidou entend la furie tout autour. Il hésite. Il regarde Gilgamesh, emprisonné dans l'étau[27] de ses bras. Il voit sa

---

21. Combat à coups de poing.
22. Évite adroitement.
23. Comme il faut.
24. Ruse.
25. Emmêlé.
26. Retenu.
27. Pression, étreinte.

noblesse. Il sent la vie dans sa poitrine. Un bruissement indéchiffrable où tant de voix inconnues se mélangent.

« Enkidou, roi d'Ourouk !... »

Enkidou entend battre son propre cœur. Des mélodies simples y chantent et les choristes[28] sont le vent, l'averse, les sources, les bêtes, le ciel, l'horizon… Comment un sauvage de la steppe pourrait-il régner sur une ville où vivent tant d'hommes ?

« Enkidou, roi d'Ourouk !... »

Le doute, peu à peu, desserre l'étreinte[29] d'Enkidou. Gilgamesh sent qu'il renonce. Il le regarde lui aussi, voit ses yeux et les mots du chasseur lui reviennent à l'esprit : « Deux étoiles fraîches dans une face de nuit »[30]. La grande force d'Enkidou s'incline devant le Buffle d'Ourouk, renonce à la victoire, et Gilgamesh décide de tirer parti de cette faiblesse pour en finir.

D'un mouvement vif, il se dégage, puis saisit le poignet d'Enkidou et lève son bras en riant, comme on désigne un vainqueur.

« J'ai trouvé mon semblable ! lance-t-il par bravade[31] au peuple qui l'a hué. Le voici ! C'est Enkidou, le Lion de la steppe ! »

La foule se tait, plombée[32] par la stupeur. Quelques cris s'élèvent encore, çà et là, contre Enkidou maintenant. Sa démission. Sa lâcheté. Et des plaintes et des murmures.

« Les dieux nous ont abandonnés. Pauvres de nous !
– Le Buffle a fait alliance avec le Lion !
– Où nous conduira un pareil attelage ? »

Les silencieux-du-pays retournent au silence, baissent la tête et s'en vont à leurs occupations.

*

---

28. Qui chantent dans un chœur (il s'agit une image, ici).
29. Relâche la pression.
30. Voir p. 20.
31. Par provocation.
32. Pâlissant, livide.

Le récit de Gilgamesh

Comprends-tu leur désarroi[33] ?...
285 Prends leur vie, fais-en la tienne et songe à eux un instant.
Ils souffrent de la tyrannie de Gilgamesh. Le danger pèse sur eux, à chaque instant. Le mépris, la mort. Ils cherchent une issue, en se tournant vers l'invisible où les dieux organisent tous les destins.
290 Ils s'adressent au ciel, prient avec ferveur et n'obtiennent jamais la moindre réponse, ni le moindre encouragement. Puis, un jour, les dieux se manifestent. Une étincelle jaillit qui se métamorphose en incendie d'espoir. Mais soudain, cet espoir s'éteint, sans les avoir comblés !
295 Qu'aurais-tu dit, toi ? Et qu'aurais-je pensé, moi, si nous nous étions trouvés, à cet instant, sur la grand-place d'Ourouk ? Toi et moi, pâtre[34] ou bien pêcheur, vannier[35] ou mouleur de briques, charmeur de serpents, que sais-je encore, scribe... qu'aurions-nous ressenti ?
300 Nos vieux parents de Sumer[36] s'étaient inventé des dieux pour chaque instant de leur existence, pour chacune de leurs tâches. Pour l'agriculture, le bétail, les produits de la mer, les digues, les voies d'eau, les céréales, la houe[37], le moule à briques, le travail du bois, celui des métaux, la vie pastorale[38], la bergerie,
305 les poireaux et les oignons... Chaque dieu répondait à une question sur le monde et patronnait une activité. Tous ensemble, ils structuraient la vie quotidienne de Sumer.
Imagine à quel point les gens d'Ourouk ont dû se croire abandonnés lorsqu'ils ont vu Enkidou renoncer !
310 Imagine leur solitude, lorsqu'ils ont senti Anou, leur dieu protecteur, retirer la main qu'il leur avait tendue !

---

33. Trouble profond.
34. Berger.
35. Voir note 1, p. 8.
36. Région de Mésopotamie dont la capitale est Ourouk.
37. Voir note 7, p. 10.
38. Vie que mènent les bergers.

Questions

« J'ai trouvé mon semblable ! »

Repérer et analyser

Le cadre : la steppe

1 Relisez les lignes 1 à 4.
a. Quel type de végétation, quels animaux, quels personnages trouve-t-on dans la steppe ?
b. Relevez les notations de bruit, de lumière.
c. « le fleuve » : de quel fleuve s'agit-il ?

La création d'Enkidou

2 Quels sont les dieux qui créent Enkidou ? De quelle façon ? À l'aide de quel matériau ?
3 Relisez les lignes 34 à 37.
a. Relevez les verbes qui montrent que la vie est en train de naître.
b. Quels éléments apparaissent sur son corps ? Quels éléments disparaissent ?
4 Quels sont les premiers gestes du nouvel être (l. 38 à 42) ? Quels termes le rapprochent de l'animal ?
5 Quelle est sa première émotion ? sa première joie ? (l. 51 à 63)
6 Quel destin est réservé à Enkidou ? Expliquez l'expression : « ce destin, écrit sur sa tablette » (l. 28-29).

L'écriture épique

Le merveilleux
7 Qui est la mère de Gilgamesh ? En quoi est-elle un personnage merveilleux ?

L'expression du temps
8 Relevez les expressions imagées par lesquelles les Mésopotamiens évoquaient le jour et la nuit.

La rencontre entre Gilgamesh et Enkidou

La préparation de la rencontre
9 Quels sont les deux rêves que fait Gilgamesh ? Comment sa mère interprète-t-elle chacun de ces rêves ?

Le récit de Gilgamesh

10 a. Quelle description le chasseur fait-il d'Enkidou ? Quels éléments en font un être proche de la nature et des animaux ?
b. Par quelle métaphore le chasseur désigne-t-il les yeux d'Enkidou (l. 139-140) ? Quelle image donnent-ils du personnage ?

Le combat

11 Dans quel état d'esprit Enkidou se trouve-t-il lorsqu'il rencontre Gilgamesh ? Qu'attend la foule de lui ?

12 Quel fait déclenche le combat ?

13 a. Quels sont les points forts et les points faibles de chaque adversaire ?
b. Relevez le vocabulaire du combat.
c. Relevez la comparaison animale qui souligne la violence de la lutte (l. 237 à 242).

14 a. « Le doute, peu à peu, desserre l'étreinte d'Enkidou » (l. 263). De quel doute s'agit-il ? Appuyez-vous sur les lignes précédentes (l. 258 à 261).
b. Qui est le vainqueur ?

La naissance de l'amitié

15 a. À quel moment l'amitié naît-elle entre les deux hommes ? Comment comprenez-vous qu'elle puisse naître au cours d'un combat ?
b. Expliquez l'expression : « J'ai trouvé mon semblable ! » (l. 273). Les deux hommes se ressemblent-ils ?

16 Quelle est la réaction de la foule ? Expliquez : « Le Buffle a fait alliance avec le Lion ! » (l. 280).

Écrire

Changer de narrateur

17 Récrivez les passages des lignes 263 à 265 (« [...] l'esprit ») et 270 à 272 en changeant de narrateur : c'est Gilgamesh qui raconte le combat.

Extrait 3

« C'est Houmbaba le monstre. »

Résumé des chapitres 5 et 6 : *Contre l'attente de tous, Gilgamesh et Enkidou deviennent amis. Gilgamesh fait découvrir à son compagnon la vie de la cité et l'étendue de ses domaines, il l'emmène en croisière sur l'Euphrate. Au contact d'Enkidou, Gilgamesh devient meilleur, il ne songe plus à tyranniser les habitants. Enkidou aussi a changé : les bains, le confort, le luxe, la bonne nourriture l'ont amolli ; mais bientôt, il commence à s'ennuyer, la steppe et la vie sauvage lui manquent. Gilgamesh s'inquiète. Pour distraire son ami, il lui propose une extraordinaire aventure : aller vaincre le monstre Houmbaba, gardien de la Forêt des Cèdres, au Liban ; ils en rapporteront le bois précieux. Enkidou hésite, car il connaît Houmbaba et ses pouvoirs magiques (chapitre 5). Gilgamesh le rassure, il sera protégé par sa mère Ninsouna. Celle-ci demande à Shamash, dieu du Soleil, de veiller sur son fils. Le chemin est long pour atteindre la Forêt des Cèdres. Enkidou guide Gilgamesh dans la steppe, lui apprend à se nourrir de ses produits, déchiffre ses rêves en lui expliquant qu'ils sont porteurs de bons présages (chapitre 6).*

Chapitre 7

Au septième jour de leur voyage, ils arrivent en vue de la Montagne qui porte la Forêt des Cèdres[1] sur son dos.

Enkidou s'arrête et hésite. Sa terreur de jeunesse le réveille et le mord. Gilgamesh s'arrête lui aussi et regarde. La voici

---
1. Arbres conifères, symbole du Liban.

donc cette Forêt qui a enfiévré ses pensées. Il l'imaginait comme une vaste palmeraie[2], avec des arbres hauts, droits, un sous-bois clair, envahi par des herbes et des troupeaux de chèvres sauvages. Au contraire, c'est un pelage épais comme une cuirasse, hérissé, aux sombres reflets bleus. Elle couvre tout un versant de la Montagne qui se perd dans les nuées. Des éclairs pleuvent sur son sommet et des pans de brume déchirés glissent sur ses pentes, emportés par les roulements du tonnerre. Adad, le dieu de l'orage, vient ici chevaucher ses mulets.

Gilgamesh, l'homme de la plaine, est ému devant cette géante. Il hume la buée de son souffle aux arômes grisants et scrute ses abords, à la recherche d'une entrée.

« Regarde, dit-il à Enkidou, cette trouée sombre sur la lisière[3], c'est une porte. Franchissons-la ! »

Ils reprennent leur marche et, sans attendre, pénètrent sous le couvert[4].

La Forêt, aussitôt, les sent et donne l'alerte. Un vent léger glisse à travers les Cèdres. Puis l'air se réchauffe et un grésillement crépite. Des étincelles jaillissent. Des arbres s'ébrouent[5] devant eux, comme des bêtes mouillées. Des voix graves bourdonnent. Les vieux esprits des premiers âges du monde, endormis sous la terre, remontent à la surface.

« Houmbaba, maître de la Forêt ! prévient Enkidou. Il voit Gilgamesh. Il voit Enkidou. Il arrive. »

C'est alors qu'un hurlement secoue la montagne. Le monstre a entendu et il approuve. Enkidou est épouvanté. Il regarde autour de lui. Houmbaba lui portera son premier coup. Il s'y attend et cherche de quel côté il va tomber.

« C'est nous qui allons l'abattre ! le rassure Gilgamesh.
– Non ! Houmbaba trop puissant ! »

---

2. Plantation de palmiers.
3. Bordure de la forêt.
4. Dans l'épaisseur de la forêt.
5. Se secouent.

Et pour lui faire comprendre qu'ils ont affaire à un être immense, Enkidou désigne le sol en le martelant à coups de talon :

« Peau de Houmbaba ! »

Il entoure le tronc d'un Cèdre :

« Poil de Houmbaba ! »

Il renifle, comme une hyène sur une trace :

« Souffle de Houmbaba ! »

Il ouvre les bras :

« Gilgamesh et Enkidou, dans la main de Houmbaba. »

Et il se tait, à bout d'arguments, impuissant à convaincre son ami.

Gilgamesh le regarde avec tendresse. Il comprend sa frayeur. Il lui dit :

« Ne laisse pas la panique te démolir, Enkidou. Regarde autour de toi. Les Cèdres sont là. Cette récolte à notre portée, tu repartirais sans l'avoir moissonnée ? »

Enkidou reste buté. La Forêt a ressuscité son enfance lorsqu'il était sauvage. Il se croyait adulte. Mais l'enfant est toujours là et sa vigueur[6] paralyse l'homme. Tous ses efforts pour s'élever n'ont servi à rien. Il est déçu de lui. Il a honte.

« Enkidou, insiste Gilgamesh, tous les hommes doutent. Moi aussi, sur la piste, rappelle-toi. Et qui m'a redonné confiance ? Toi, mon ami. Tu m'as guidé et je ne me suis pas égaré. Tu as déchiffré mes rêves et j'ai été stimulé. Tu m'as appris ta steppe magnifique et je me suis efforcé d'être ton élève ! Toi et moi, nous sommes deux torrents furieux. Crois-moi. Nous vaincrons ! »

Voix suave[7] de l'amitié, plus douce que le miel. Enkidou se laisse convaincre et accepte de repartir.

C'est alors que Houmbaba se déchaîne.

| **6.** Force. | **7.** Douce.

Des explosions de terre et de roches ébranlent le sol qui se fend. Des ronces jaillissent des crevasses et les frôlent en sifflant. Des plaintes s'élèvent qui tournent en rires, puis en cris. Des arbres se fracassent.

70 « Montre-toi vraiment ! hurle Gilgamesh. Cesse de t'abriter derrière ta magie, lâche !

– Mais je suis là. C'est toi qui ne sais pas me voir. »

Une ombre bondit, se glisse derrière eux et creuse dans son passage un gouffre glacé qui manque de les engloutir.

75 « Cesse de jouer ! Revêts ta silhouette humaine et relève notre défi !

– Puisque tu y tiens !... répond Houmbaba. Me voici ! »

Alors, de sept directions, sept roues de feu surgissent dans la Forêt et se rejoignent en une seule, en mélangeant leurs 80 flammes.

Enkidou s'écrie, serrant sa hache à deux mains devant lui :

« Esprit de Houmbaba ! »

Une silhouette apparaît qui semble flamber. Le feu pénètre 85 en elle, s'y installe et son intensité, peu à peu, décroît, absorbée par l'intérieur de l'être. Refroidi en surface, un corps se révèle enfin. C'est Houmbaba le monstre.

Campé sur ses pattes de taureau, sa gueule de lion rit à gorge déployée de la frayeur d'Enkidou.

90 « Tu as voulu me présenter ton enfant chéri, Gilgamesh ! Il a bien changé depuis la dernière fois que je l'ai vu. Il a appris à parler. Bravo !... Mais il n'a pas cessé de trembler... »

Cette ironie blesse Enkidou. Il se ramasse comme un félin et bondit, hache levée, pour faire taire Houmbaba le 95 hideux.

Sans bouger, celui-ci, d'un cri, l'envoie rouler cent pas en arrière.

« Ne te mêle pas de la conversation des grands, bestiole ! Laisse les hommes parler entre hommes ! »

Gilgamesh ne se laisse pas impressionner. Il répond aussitôt :

« Et toi, Houmbaba ! Quelle sorte d'animal es-tu ? Emprisonné dans la Forêt par les dieux, quels seraient tes pouvoirs si tu en sortais ? Incapable d'évoluer, tu ne serais plus rien. Enkidou, lui, était enfant dans la steppe. Il a su la quitter, grandir dans la ville et rayonner ! »

Pendant qu'il parle, un vent se lève, glacial, tranchant, venu du nord. Il surprend Houmbaba, puis disparaît. Un autre le remplace, brûlant, qui éclaire la Forêt au sud. Puis le couchant s'anime à son tour et le levant frémit.

À ces signes, Gilgamesh reconnaît la présence de Shamash, qui lui dit :

« Je suis là. Aie confiance. Je veille. Mes Treize Vents sont à tes côtés. Je t'ai envoyé leur avant-garde. »

Réconforté, Gilgamesh s'élance sur Houmbaba qui essaie de parer l'attaque en poussant son cri de mort. Trop tard. Gilgamesh est sur lui et l'empoigne.

Le corps du géant est lisse, nourri en profondeur par des courants de feu. Il se dérobe. Gilgamesh peine à assurer ses prises. Il enserre la taille de son adversaire, cherche à le plier, mais Houmbaba semble enraciné dans le sol, comme les Cèdres de sa Forêt.

Alors, Shamash envoie toutes ses troupes à la rescousse.

Ouragan se déchaîne le premier, attaque aux pattes. Tornade et Tempête ébranlent la grande carcasse du géant. Blizzard[8] travaille ses muscles, plus durs que l'obsidienne[9], Rafale[10] le harcèle[11], Tourbillon l'étourdit.

---

8. Vent et tempête de neige.
9. Pierre volcanique.
10. Coup de vent soudain et brutal.
11. Poursuit sans cesse.

Houmbaba vacille et la Forêt prend peur. Elle sent son protecteur en danger. Elle hurle et pleure, en se tordant les bras.

Houmbaba rugit. Gueule ouverte, il jette à gauche, à droite, des coups de crocs pour déchirer les Vents, claque des sabots et cherche la gorge de Gilgamesh, serré contre sa poitrine, qui résiste malgré les soubresauts.

Pendant ce temps, Enkidou s'est relevé. Il veut prêter main-forte à son ami, mais la violence de l'empoignade l'empêche de s'approcher.

Surgit soudain Bourrasque[12], descendue des étoiles. Elle s'engouffre dans la gueule du géant, descend en lui et lui gonfle le ventre. Cyclone la rejoint, pénètre dans les yeux d'Houmbaba, l'aveugle, pendant que Typhon[13] s'enroule en puissance autour de ses cuisses.

Houmbaba perd l'équilibre. Gilgamesh le sent pris au dépourvu. Il pèse de tout son poids, le frappe aux mollets et l'abat.

En s'écroulant, Houmbaba déracine cent arbres et reste enchevêtré parmi les branches et les troncs fracassés. Gilgamesh hurle :

« Tu as perdu ! Ta Forêt m'appartient ! »

Il maintient la gueule du monstre sous son talon, pendant qu'Enkidou, qui s'est jeté en travers de la poitrine de Houmbaba, le cloue au sol.

Mais le gardien ne s'avoue pas vaincu. Il se sait prisonnier. Il négocie.

« Tu veux mes Cèdres, Gilgamesh ? Prends-les, je te les donne. Et profite de la gloire de les avoir conquis. Mais laisse-moi en vie. Ma mort ne te rendra pas plus grand. »

---

12. Coup de vent violent, de courte durée.

13. Violent ouragan.

Enkidou sent la ruse.

« N'écoute pas, Gilgamesh. Houmbaba te trompe. Prends ses Cèdres ! Prends sa vie !

— Tais-toi, avorton ! Rappelle-toi quand tu dormais dans les arbres. Je n'aurais pas dû me contenter de t'effrayer, j'aurais dû te réduire en poussière, te renvoyer à la bouillie d'où les dieux t'avaient tiré ! »

Gilgamesh hésite. Houmbaba pousse son avantage.

« Nous sommes des presque dieux, toi et moi. Pourquoi t'encombrer de ce sous-homme ? Il a fini d'évoluer. Il n'ira pas plus loin. Mais si tu me laisses en vie, nous pourrons, la main dans la main, étonner le monde par nos exploits. Nous sommes deux torrents furieux. Qui peut dire le contraire ? Et nos noms se répandront sur les pays comme un raz de marée. »

Ces paroles irritent Gilgamesh. Houmbaba lui parle comme il parlait à Enkidou. Mot pour mot. Il a l'impression qu'en lui proposant son amitié, le géant confisque son affection pour Enkidou.

« L'amitié ne se décide pas, répond Gilgamesh. Elle s'installe d'elle-même dans les cœurs. Et quand on la découvre, on se réjouit et on s'empresse de la fortifier chaque jour par des attentions nouvelles. Je sais cela. Enkidou me l'a appris. »

Mais Enkidou craint les manigances de Houmbaba. Il presse son ami.

« N'écoute pas, Gilgamesh. Houmbaba, c'est le mal ! Supprime le mal ! »

Gilgamesh n'a plus besoin d'écouter. Sa décision est prise et Houmbaba comprend qu'il est perdu. Il pousse un dernier cri :

« Tu ne vieilliras pas, Enkidou. Tu me rejoindras bientôt dans le Pays-des-Ombres. Quant à toi, Gilgamesh, n'attends plus. Allez ! Prends ma vie et attire le malheur sur la tienne. »

Plaquette fragmentaire figurant le meurtre du démon Houmbaba.
Terre cuite, 4,7 x 6,5 cm, vers 2000 av. J.-C., site de Senkereh.
Paris, musée du Louvre.

Une dernière fois, l'épouvante pétrifie la Forêt et se tait à jamais.

*

Le gardien éliminé, les deux hommes se livrent à un grand massacre de Cèdres, au cœur de la futaie. Lorsqu'ils ont abattu
195 assez d'arbres pour apporter la preuve de leur exploit, ils débardent[14] les troncs à mains nues jusqu'à l'Euphrate et construisent un radeau. Puis, ils descendent le fleuve en direction d'Ourouk où la gloire les attend.

| **14.** Déchargent.

Questions

« C'est Houmbaba le monstre. »

Repérer et analyser

Le cadre : la forêt

1 La personnification

La personnification est une figure de style qui consiste à attribuer des caractères humains à un animal ou à un être inanimé (objet, végétal).

Relevez, dans les lignes 1 à 2, 14 à 16 et 21 à 26, trois mots ou expressions qui montrent que la forêt est personnifiée.

2 La comparaison, la métaphore

La comparaison est une figure de style qui permet de rapprocher deux éléments à l'aide d'un outil de comparaison (comme, pareil à…). Ex : Le lac brille comme un miroir.
La métaphore n'utilise pas d'outil de comparaison. Ex : Le lac est un miroir.

a. « C'est un pelage épais comme une cuirasse » (l. 8-9) : relevez et expliquez la métaphore et la comparaison. Quelle image donnent-elles de la forêt ?
b. À quoi sont comparés les arbres (l. 23-24) ?
c. De quelle façon la forêt donne-t-elle l'alerte (l. 21 à 26) ?

Le combat épique

Portrait de l'adversaire : Houmbaba

L'épopée comporte des récits de combat avec des adversaires hors du commun.

3 a. Comment Enkidou tente-t-il de faire comprendre à Gilgamesh qu'Houmbaba est un monstre redoutable (l. 35 à 44) ?
b. Par quels signes Houmbaba annonce-t-il son arrivée (l. 66 à 69) ? Quel est le vocabulaire utilisé ?
4 a. Relevez le vocabulaire du feu et les étapes de la transformation d'Houmbaba (l. 73 à 87).
b. Relevez le terme qui suggère sa taille (l. 124 à 127).
5 a. Montrez, en citant le texte, qu'Houmbaba a des caractéristiques animales (l. 88 à 89).
b. Relevez deux comparaisons qui le rattachent aussi au monde végétal et au monde minéral (l. 120 à 127).

Le récit de Gilgamesh

L'intervention des dieux

Les dieux et les forces de la nature interviennent dans les combats épiques.

6 a. Quelles sont les différentes étapes du combat ?
b. Montrez la violence du combat. Appuyez-vous sur les verbes d'action et le vocabulaire de la violence.

7 a. Quel dieu intervient pour aider Gilgamesh et Enkidou ? Par quel moyen les aide-t-il ?
b. Quels éléments sont personnifiés ?

Le thème de l'amitié

8 Relisez les lignes 56 à 64.
a. Montrez que Gilgamesh et Enkidou s'apportent une aide mutuelle.
b. Quels sont les pronoms utilisés dans ce passage ?

9 Relisez la définition que donne Gilgamesh de l'amitié (l. 177 à 180). Comment l'amitié naît-elle ? Comment se cultive-t-elle ? Quels sentiments procure-t-elle ?

La progression du récit

10 Quel a été l'enjeu du combat ?
11 a. Où Gilgamesh et Enkidou se rendent-ils après le combat ?
b. À quelle suite peut-on s'attendre ?

Écrire

Raconter une expérience personnelle

12 Vous avez un(e) ami(e). Comment l'avez-vous connu(e) ? Que lui apportez-vous ? Que vous apporte-t-il (elle) ? Que représente pour vous cette amitié ?
Consignes d'écriture :
- écrivez le texte à la première personne ;
- racontez votre rencontre ;
- exprimez les sentiments que vous ressentez pour cet(te) ami(e).

Extrait 4

« Le Taureau Céleste arrive à Ourouk ! »

Résumé du chapitre 8 : *Gilgamesh et Enkidou reviennent couverts de gloire à Ourouk. Ishtar, la déesse de l'amour et de la guerre, apparaît à Gilgamesh. Elle lui dit qu'elle est tombée amoureuse de lui lorsqu'elle l'a vu combattre dans la Forêt des Cèdres, et lui demande de l'épouser. En échange, elle lui offrira toutes les richesses... Mais Gilgamesh reste insensible à ses avances. Il lui présente la liste de tous les hommes qu'elle a aimés et dont elle s'est vite lassée. Il refuse d'être sa « prochaine proie ». Ishtar, furieuse, humiliée, s'en va en criant à Gilgamesh qu'il le regrettera...*

Chapitre 9

Ishtar ne rentre pas chez elle. Elle va directement se plaindre au chef, Anou[1], qui l'attend. Il a tout vu, évidemment et, au claquement de la porte de son temple, s'apprête à recevoir une furie.

« Anou, ne fais pas semblant ! Tu l'as vu, tu l'as entendu ! Est-ce qu'on va supporter encore longtemps de se faire insulter ?

— Est-ce que tu avais besoin d'aller te frotter à lui, aussi ? Tu le connais, non !

— C'est ça, trouve-lui des excuses ! Dis tout de suite qu'il a raison ! »

Anou, depuis longtemps, s'est retiré des affaires. Il a confié à son fils Enlil le quotidien du pouvoir, la gestion. Il demeure

[1]. Dieu du Ciel.

donc comme un patriarche[2]. Une sorte de souvenir des temps
anciens. On respecte son œuvre passée et, de temps en temps, on aime solliciter[3] son conseil. Il reçoit tous les dieux qui lui demandent audience. Mais, si la plupart des visiteurs sont accommodants[4], il en est d'autres qui l'épuisent. Ishtar est la pire. Une scie ! Toujours prête à en découdre[5].

« Éa, paraît-il, avait inventé un nouveau prototype[6]. On allait voir ce qu'on allait voir. Avec lui, Gilgamesh serait bien contraint de baisser d'un ton ! Le résultat est éloquent[7] : Houmbaba, massacré ! La Forêt des Cèdres, fauchée par Gilgamesh et Enkidou ! Merci, Éa ! Ils font la paire, ces deux-là. Copains comme cochons ! Un jour, tu verras, ils revendiqueront[8] le droit de siéger dans notre assemblée, de posséder un culte, avec des temples, par-dessus le marché !

– Ishtar, tu exagères ! On n'en est pas là et tu le sais très bien ! Tu es fatigante de toujours crier au loup[9] !…

– Je te dis qu'il faut leur porter un coup d'arrêt, leur faire sentir la loi, pour qu'ils n'en franchissent plus les limites ! Et je ne vois qu'un moyen… le Taureau Céleste !

– Tu es folle !

– Le Taureau Céleste ! Donne-le-moi ! »

Anou soupire et fait la sourde oreille.

« Si tu refuses, c'est bien simple, je descends aux Enfers, j'abats les sept murailles, je rends la liberté aux morts et je leur dis : "Allez, allez petits, remontez sur la terre ! Allez, allez petits, montrez-vous aux vivants, dévorez-les, soyez prospères[10] !" Tu sais ce que cela signifie, Anou. Et tu sais que je ne renoncerai pas. »

---

2. Vieillard respecté de tous.
3. Demander.
4. Qui s'adaptent facilement.
5. Se battre.
6. Premier exemplaire d'une production.
7. Parle de lui-même.
8. Demanderont.
9. Avertir d'un danger, parfois de manière excessive.
10. Riches.

Oui, Anou sait qu'elle est capable de tout pour avoir le dernier mot. Si elle passe à l'acte, il sait que la mort va remplacer la vie, que le pays va s'arrêter, que les champs ne seront plus cultivés. Alors, si les dieux veulent manger, ils devront travailler, comme avant la création des hommes. Bêcher leur lopin[11], ensemencer, récolter, faire la cuisine… Quel bazar encore une fois ! Anou préfère ne pas y penser.

« Bon ! dit-il. Admettons que je te donne le Taureau. Tu sais à quoi tu exposes la ville ?

– Oui, à sept ans de famine.

– Alors, ne mets pas la charrue avant les bœufs ! Commence par envoyer l'abondance.

– Mais c'est déjà fait ! Les greniers sont pleins, les jarres[12], les fosses, les silos[13]. Tout déborde ! On ne sait plus où entreposer le fruit. »

Elle ment effrontément et Anou, bonne pâte, la croit sur parole.

Alors, il lève le bras, enfonce sa main dans le ciel jusqu'à l'épaule et tâtonne dans l'obscurité du chaos[14]. Il saisit la queue d'une comète encore inachevée. C'est la longe[15] de la bête. Il tire. Le Taureau est bien là, qui résiste, encore endormi. Il tire à nouveau, plus fort, et un mugissement rauque ébranle le plafond du ciel et fait vaciller les étoiles.

*

Une violente secousse réveille Ourouk. Cela ressemble au fracas du tonnerre, mais le ciel est clair. Tout tremble soudain et le calme revient.

Les gens se réveillent, se précipitent dans les rues, s'interrogent. Mais rien. Ils ont rêvé sans doute.

---

11. Parcelle de terre.
12. Grands récipients en terre cuite.
13. Réservoirs.
14. L'univers primitif.
15. Corde qui sert à attacher un animal.

Plus tard cependant, au creux de la matinée, une autre secousse tonne à nouveau. C'est le sol. Une poigne a saisi la ville comme une botte de joncs[16] et tire pour l'arracher. Un dieu est en colère. Pourvu qu'il ne s'agisse pas d'Ereshkigal, la reine des Enfers.

Une rumeur se répand bientôt. La terre s'est ouverte dans le quartier des potiers. Un gouffre. Cent maisons, avec leurs habitants, ont disparu. Et dès que la nouvelle a fait le tour de la ville, la grande colère récidive[17].

Elle frappe dans le quartier des pêcheurs. Une nouvelle faille[18] avale cent autres maisons, sans compter les gens et les étangs. Et dans celui des forgerons, cent autres encore. La force frappe au hasard, procède par sondages[19]. Elle est lancée sur une piste, dirait-on. Elle cherche.

Gilgamesh et Enkidou sortent du palais. Ils ont entendu, eux aussi. Ils savent.

Alors, la voix dans la terre recommence à hurler. Le sol se fend. Une fissure traverse la place, file en direction des deux hommes. Gilgamesh l'aperçoit. Il prévient Enkidou. Trop tard ! Une gueule gigantesque bâille devant le palais du roi. Enkidou est cueilli. Mais il a eu le temps de se jeter sur le côté. Suspendu à un bord, les pieds dans le vide, il parvient à se rétablir et reprend pied à la surface.

C'est alors que, du gouffre béant[20], surgit une montagne qui élargit l'ouverture et transforme les résidences des nobles, voisines du palais, en un champ de tessons[21].

Une forme lourde encombre la crevasse. Elle s'annonce avec un mugissement de mort qui recouvre la ville comme une

---

16. Plante à tige flexible qui pousse dans l'eau.
17. Recommence.
18. Fracture de l'écorce terrestre.
19. Explorations méthodiques.
20. Ouvert.
21. Débris de poteries.

nuée d'orage. Puis elle extirpe[22] sa tête encore enfouie et dresse son mufle noir de nuit et ses cornes en croissant de lune, tranchantes comme des faucilles.

Le Taureau Céleste arrive à Ourouk !

Il voit Gilgamesh et Enkidou. Ceux qu'il cherche. Il pousse une plainte semblable à un soupir de plaisir.

Gilgamesh comprend tout.

« C'est signé Ishtar ! » dit-il à Enkidou.

Il tire son épée.

« Pas de quartier[23], ma belle ! »

Et il fonce vers le fauve, Enkidou sur ses talons.

Le Taureau n'a pas besoin qu'on l'excite. Quand il voit ces deux mouches voler vers lui, il s'ébranle. Fureur contre fureur. Son galop fait gémir la place et le choc est épouvantable pour les deux hommes. Ils sont projetés dans la poussière et se relèvent ensanglantés. À ce jeu, ils y laisseront la vie. L'animal est tout en puissance. Il faut ruser. Alors, ils décident de s'enfuir pour l'attirer dans le dédale[24] des ruelles étroites de la ville. C'est ainsi qu'ils auront raison de lui.

Le monstre les voit s'échapper. Il les pourchasse et donne dans le piège.

Le chaos gronde à nouveau et les ruines s'entassent sur les ruines. Le prix à payer pour venir à bout de la bête ! Gilgamesh le sait. Le temps viendra de reconstruire. Pour l'heure, c'est la désolation qui parle.

Les deux fuyards débouchent bientôt dans une impasse[25]. Calcul ! Gilgamesh reste seul et attend face au Taureau, pendant qu'Enkidou grimpe sur une terrasse au-dessus de la rue. Le fauve arrive devant Gilgamesh qui le provoque. Il fonce pour l'encorner.

---

22. Fait sortir avec difficulté.
23. Pas de pitié.
24. Labyrinthe.
25. Voie sans issue.

Alors Enkidou saute derrière lui, lui saisit la queue et tire comme s'il voulait l'arracher, pour le freiner.

130 Le Taureau se retourne et Gilgamesh, à l'affût de sa première faute, plonge entre ses pattes, se glisse sous lui et lui enfonce son épée dans le cœur.

L'animal est pris. Il se débat, mais son sang creuse déjà le lit d'un ruisseau au milieu de la ruelle. Il sait qu'il va mourir.
135 Il fixe d'un regard vide ces deux hommes qui ont eu raison de lui. Il éructe[26], comme pour les blesser de son souffle. Sa bave macule[27] son poitrail[28] et se mélange à son sang qui s'écoule. Il se laisse tomber sur le flanc. La terre frémit encore sous son poids et il pousse un dernier rugissement.

140 Il ne retournera jamais dans les étoiles. Les dieux sont avertis.

Le Taureau vient juste d'expirer. Déjà, d'autres cris prennent le relais. Des pleurs et des lamentations de femmes. C'est Ishtar, sur la terrasse de son temple, entourée de toutes ses
145 prêtresses. Elle se désespère de la disparition de son favori.

« Ishtar ! gronde Gilgamesh, fou de colère. Tu aurais mieux fait de ne pas te montrer ! »

Il saisit une patte de la bête, Enkidou une autre, et, leur force décuplée[29] par la fureur, remorquent la dépouille de leur
150 victime, pour l'offrir à celle qui avait commandité[30] leur assassinat.

« Ishtar ! On t'apporte ton Champion ! Regarde ce qu'il en reste ! »

À la vue du cadavre, les femmes se frappent les cuisses de
155 rage, se mordent les lèvres de dépit, se griffent la bouche comme des pauvresses abandonnées de tous. Et, pour pimenter

---

26. Fait un renvoi bruyant.
27. Tache.
28. Devant du corps.
29. Rendue dix fois plus grande.
30. Demandé.

Taureau androcéphale aux yeux incrustés d'ivoire (détail) provenant de Tell Brak, Mésopotamie, Syrie, 3ᵉ millénaire av. J.-C.

leur chagrin, Enkidou tranche une cuisse de l'animal et la lance en direction de la terrasse.

Les belles s'enfuient épouvantées, pendant que Gilgamesh, dopé par la victoire, jette une dernière fois son arrogance[31] à la face de la déesse.

« Si tu étais tombée entre nos mains, Ishtar, c'est toi qui serais affalée dans la poussière ! »

Après quoi, ils s'en vont triompher dans les rues, se faire applaudir en libérateurs.

« Après Houmbaba et la Forêt des Cèdres, ils ont couché le Taureau Céleste !

– Ils sont invincibles !

– Gloire à Gilgamesh ! Gloire à Enkidou son ami ! »

Portés par les vivats[32], accompagnés par la foule, ils descendent jusqu'à l'Euphrate. Ils se baignent longtemps dans ses eaux. Ils s'y purifient de la folie qui les habite pour que le fleuve la prenne et l'emporte se dissoudre dans la mer.

| **31.** Insolence méprisante. | **32.** Acclamations.

Questions

Repérer et analyser

Le monde des dieux

La déesse Ishtar

1 Chez quel dieu la déesse Ishtar se rend-elle ? Quelle demande lui fait-elle ?

2 Le chantage

> Faire du chantage, c'est tenter d'extorquer quelque chose à quelqu'un (de l'argent ou une faveur) en usant d'une menace.

De quoi Ishtar menace-t-elle son interlocuteur s'il oppose un refus à sa demande (l. 36 à 48) ?

3 a. Quel risque Ishtar fait-elle courir à la ville si sa demande est acceptée ?
b. À quel propos ment-elle ?

Le Taureau Céleste

4 Où le Taureau réside-t-il ? Justifiez son appellation de Céleste.
5 Le champ lexical (voir leçon p. 13)
Quels dégâts le Taureau cause-t-il dans la ville ? Relevez, dans les lignes 65 à 95, le champ lexical du bruit et celui de la destruction.
6 a. Identifiez et expliquez la figure de style dans l'expression : « Une poigne a saisi la ville comme une botte de joncs » (l. 71).
b. Expliquez la métaphore : « Une gueule gigantesque bâille devant le palais du roi » (l. 89).

L'exploit épique

Les forces en présence

7 Relisez les lignes 96 à 100. Relevez les expressions et comparaisons qui décrivent le Taureau Céleste. Quelle image est donnée de lui ?

8 a. « Quand il voit ces deux mouches voler vers lui » (l. 109) : qui l'expression « ces deux mouches » désigne-t-elle ? Justifiez le choix de cette expression.
b. Les deux hommes ont-ils leur chance face au Taureau ? Justifiez.

« Le Taureau Céleste arrive à Ourouk ! »

L'affrontement

9 Qui a le dessus au début du combat ? Citez le texte.

10 De quelle façon les deux héros viennent-ils à bout du monstre ? De quelle qualité font-ils preuve ?

La mort du monstre

> L'épopée amplifie la réalité, de manière à la rendre spectaculaire et terrifiante.

11 a. Relevez le vocabulaire du bruit qui accompagne la mort du Taureau (l. 133 à 139).

b. Relevez les expressions qui créent un effet d'amplification et montrent que l'être qui meurt est hors du commun.

La provocation

12 a. Où Ishtar se trouve-t-elle durant le combat ? De quels personnages est-elle entourée ?

b. Comment réagissent-ils à la mort du Taureau ?

13 a. Quel acte de provocation envers Ishtar, Gilgamesh et Enkidou accomplissent-ils ?

b. Quelles paroles blessantes accompagnent leur acte ?

La fin de l'épisode

14 a. Comment les habitants d'Ourouk réagissent-ils lorsque les héros se retrouvent dans les rues de la ville ?

15 Pourquoi les deux héros se baignent-ils dans l'Euphrate ?

16 À quelle suite vous attendez-vous ?

Étudier la langue

« Ils sont invincibles ! » (l. 168)

17 Donnez la classe grammaticale et la fonction du mot invincible.

18 Décomposez le mot (préfixe, radical, suffixe) et donnez son sens.

Extrait 5

« Je ne t'oublierai pas, Enkidou »

Chapitre 10

C'en est trop pour les dieux, qui ne supportent plus les excès de Gilgamesh et d'Enkidou. Ils tiennent un conseil. Comment les punir ? Anou, son fils Enlil et Shamash discutent : Gilgamesh est roi et presque dieu, il serait lourd de conséquences de le faire mourir. Éa a trouvé une solution : pour punir Gilgamesh, il faut faire mourir son ami Enkidou, ce sera pour lui une terrible épreuve. Au même moment, Enkidou rêve que les dieux ont décidé sa mort.

[…] Enkidou a tout entendu. Un rêve l'a transporté dans la coulisse du Grand Conseil des dieux. Il se réveille en sursaut. Il suffoque, il étouffe. C'est le verdict des Immortels[1] et la maladie, déjà, s'installe en lui. Il la sent. Elle l'échauffe et le
5 ronge. Il entame une prière de conjuration[2] :

« Ô, puisse mon rêve monter au ciel, pareil à la fumée et s'y perdre. Puisse mon rêve, comme l'eau de l'averse, se mélanger à celle de la rivière… »

Soudain, il s'interrompt. Il revoit la détermination des dieux
10 et se sent impuissant à les apitoyer. Il se lève, entre chez Gilgamesh, lui annonce la nouvelle.

« Enkidou va mourir ! »

Puis, d'une traite, il lui raconte son cauchemar en détail.

| **1.** La décision des dieux. | **2.** Prière pour écarter le mal.

« Où vois-tu, là, un mauvais présage ? lui répond Gilgamesh après l'avoir écouté. Ton rêve est bon. Il faut seulement le comprendre à l'envers. Tu ne vas pas mourir, tu vas vivre ! Voilà mon avis. Et si tu es malade, nous allons te soigner. Mais pour guérir, il faut que tu y mettes du tien. Ne t'abandonne pas. Ne te désespère pas. Le désespoir aplanit la route de la mort. Au contraire, dresse des obstacles devant elle, creuse des pièges. Lutte contre ton mal comme tu as lutté contre le mal Houmbaba ! Et oublie les palabres[3] des dieux, sur leurs sommets lointains. Tu es un homme. Tourne-toi vers ta vie d'homme. Souviens-toi de nos belles batailles ! Aucune n'était gagnée d'avance. Nous étions même donnés perdants. Et nous avons toujours vaincu, toi et moi, comme deux mulets indomptables, sous le même joug[4]. Nous avons étonné les dieux et nous les étonnerons encore. Allons ! Aie confiance ! »

Enkidou a foi en son ami. Ses paroles lui redonnent des forces et la fièvre s'apaise. Son corps lui échappait. Il le sent à nouveau à sa disposition, maître de lui, et il se lance à l'assaut de sa maladie, comme il s'est lancé à l'assaut du Taureau Céleste.

Gilgamesh ne le quitte pas. Mais cette fois, c'est lui qui marche le premier, comme Enkidou dans la steppe, sur la route de la Montagne des Cèdres. Il l'emmène en pèlerinage à Nippour, prier Enlil dans son temple. Au retour, ils font étape à Isin, la ville de Goula, la déesse guérisseuse. Puis ils consultent des médecins, des magiciens, des exorcistes. Gilgamesh ne veut rien négliger pour chasser les démons qui dévorent son ami, et Enkidou, docile, se prête à tous les trai-

| **3.** Paroles. | **4.** Attelage.

tements. Il applique cataplasmes[5] et onguents[6]. Il avale infusions de plantes médicinales et poudre de pierre dissoute dans du sang de bœuf, porte des amulettes, récite des prières composées spécialement pour son mal.

Malgré ses efforts, la maladie empire. Enkidou se défait comme une palissade de roseaux secouée par la tempête. Il doit s'aliter et ne quitte plus la chambre.

Une nuit, la douleur le réveille. Il se dresse sur sa couche, hagard, demi-conscient. Croyant laisser son mal derrière lui, il veut s'enfuir au loin. Il se lève, fait quelques pas, voit le sol se dresser contre lui et s'écroule. A-t-il crié ? Il ne sait plus.

Dans le palais, on accourt. Des servantes avec des linges, des bassins, de l'eau fraîche. Et des médecins. Et Gilgamesh, premier à le relever.

« Enkidou, lui dit-il, tu es trop faible. Sois raisonnable, recouche-toi ! »

Enkidou regarde Gilgamesh, cherche un instant son nom puis, à nouveau conscient, secoue la tête avec impuissance et marmonne quelques mots :

« Steppe... Enkidou... retourner... »

Il se dresse vers le soleil levant, s'agrippe à Gilgamesh.

« Enkidou... Pas un homme... »

Il songe à la steppe. Il l'espère. Il l'appelle sur son corps. Et la steppe qui l'a entendu jette sur lui son manteau aux odeurs d'haleines fauves et de lait caillé.

« Aigles, loups, hyènes, murmure son cœur épuisé, prenez le corps d'Enkidou. Nourrissez-vous de lui. Pluie, délave ce que les bêtes auront laissé. Soleil, blanchis les os d'Enkidou. Vent, réduis-les en poudre et disperse-les pour qu'Enkidou se mélange à la terre. Alors, Enkidou s'offrira au sabot des gazelles... sera bercé par leur galop. »

---

5. Bouillies appliquées sur la partie du corps enflammée.

6. Crèmes que l'on applique sur la peau.

Personne ne bouge, autour du malade. Chacun retient son souffle et Gilgamesh, dans ce silence de tous, entend son ami songer.

« Oui, lui promet-il. Tu retourneras dans la steppe, Enkidou. Je t'y emmènerai. Et dès aujourd'hui, je vais te construire un char spécial pour t'y transporter sans dommages[7]. Mais reprends un peu de forces. Dès que tu seras capable d'accomplir le voyage, nous nous mettrons en route, toi et moi, comme aux jours de nos plus folles expéditions. »

Enkidou est apaisé. Gilgamesh l'enlève dans ses bras et le recouche. Il ferme les yeux, respire faiblement, et tous se retirent, laissant Gilgamesh seul à son chevet.

Shamash monte vers son zénith[8], mais déjà, la mort qui sent sa proie mûrir s'avance vers Enkidou pour le saisir. Des torches s'allument devant lui et guident ses pas vers le Pays Obscur. Il franchit les six portes des six premiers remparts. Devant la septième, il est reçu par un démon. Ses bras sont des pattes de lion et ses mains, des serres de rapace. Il attrape Enkidou. D'un coup de griffe, il fend son corps du haut jusqu'en bas, puis le suspend à un clou, comme un vieux vêtement inutile. Sous sa peau d'homme, Enkidou est un pigeon. Sa nouvelle apparence dans le Royaume des Ombres qu'il découvre soudain.

C'est une immense ville souterraine dont les rues s'enchevêtrent devant lui, dans un dédale infini. Du ciel plombé ne filtre aucune lueur, aucun espoir venu du haut. Partout, des maisons de terre qui s'effritent, des palais qui s'éboulent, en soulevant des nuées suffocantes.

Les êtres qui demeurent ici ont tous quitté la vie. Enkidou reconnaît d'anciens puissants, des nobles, des prêtres, des

---

7. Souffrances.

8. Le dieu Soleil monte en haut du ciel (le Soleil est à son zénith à midi).

artisans aussi, des esclaves… Tous, couverts de plumes, hagards
et désœuvrés, attendent en regardant passer l'éternité.

Les plus avantagés sont ceux dont la famille entretient la mémoire. De la surface, ils reçoivent de l'eau claire, de la nourriture fraîche. Les autres, les oubliés, les sans-famille, les soldats abandonnés sur le champ de bataille, les femmes répudiées par leur mari, ceux-là sont les délaissés du monde d'En-bas. Nulle compassion[9] pour eux. Ils picorent l'humus[10], pataugent dans la boue, se querellent pour une épluchure.

En les voyant, Enkidou comprend que l'oubli est une seconde mort et que le souvenir est l'arme ultime des vivants pour empêcher les défunts de disparaître à tout jamais.

Il songe à Gilgamesh. Il le voit endormi à la tête de son lit, vaincu par la fatigue. Il veut le secouer, l'avertir. Mais, c'est vrai, son corps lui a été repris. Il n'a plus aucun pouvoir sur lui. Il n'est plus libre que de ses pensées. Alors, il rassemble ce qu'il lui reste de forces dans le cœur et forme une lumineuse intention d'amour qu'il dirige en direction de son ami.

« N'oublie pas Enkidou… »

Il brûle ainsi sa toute dernière lueur de vie, avant la nuit totale.

Une femme apparaît alors. Majestueuse et sévère, c'est la reine des Enfers, Ereshkigal, maîtresse des destins.

Elle tient la tablette d'Enkidou, la lit, puis avec un sourire à son visiteur, la réduit en motte dans sa main, comme on chiffonne une vieille étoffe de lin.

Enkidou est mort.

Chapitre 11

Un bruit de froissement fait sursauter Gilgamesh. Comme si Enkidou se retournait sur son lit pour l'appeler.

| **9.** Pitié. | **10.** La terre.

Vignette extraite de la bande dessinée *Gilgamesh*, tome 1, « Le Tyran », de Gwen de Bonneval et Frantz Duchazeau (Dargaud, 2004).

« Enkidou !... Quel rêve horrible ! Tu étais prisonnier du monde d'En-bas, transformé en pigeon et tu battais des ailes pour attirer mon attention. Je suis là, rassure-toi. Je m'étais juste assoupi. Pardon. »

Mais Enkidou dort sans un souffle et son œil ne frémit plus sous la paupière.

« Enkidou ! s'écrie Gilgamesh, l'angoisse au cœur. Réponds ! »

Il le secoue avec douceur. Mais son corps, lourd, se prête au mouvement et reprend sa place, mollement. Gilgamesh comprend.

« Ainsi tu es parti, Enkidou... sans me prévenir... Pourquoi ? Je ne me suis absenté qu'un instant et tu en as profité pour franchir ta haie de clôture. Pourquoi ? Nous avons bataillé si souvent côte à côte, pourquoi dans ce combat, avoir quitté ton poste ? Dis, pourquoi ? »

Il le prend dans ses bras, poitrine contre poitrine, soutient sa tête qui tombe et continue de lui parler comme si son ami allait finir par lui répondre.

« Je ne te fais pas reproche d'avoir déserté, mais j'avais encore des forces pour lutter, si tu n'en avais plus. Je les aurais partagées avec toi, économisées et nous aurions pu tenir encore. Je m'apprêtais à te porter dans la steppe où les gazelles s'ennuient de toi. Les gazelles, Enkidou. Souviens-toi… Oh, reviens et je t'offrirai des gazelles par milliers… »

Il parle à son visage, bouche à bouche. Par le souffle des mots, il s'efforce d'alimenter sa poitrine pour remettre en mouvement la mécanique de la vie.

« Je ne t'oublierai pas, Enkidou, aie confiance. Et pourtant, au début, je te l'avoue, je ne voulais que ta perte. Mais c'est toi qui m'as conquis. Par la fraîcheur de tes yeux clairs où je voyais briller les étoiles ; par la souplesse de ton pas où je voyais chasser le lion et la panthère ; par l'ampleur de tes gestes qui écrivaient des poèmes dans le vent.

« Je ne t'oublierai pas, Enkidou, sois tranquille. Je ferai sculpter des statues de toi, dans la diorite[11], l'albâtre[12], le cèdre imputrescible[13]. Je les planterai à toutes les portes de mon royaume, afin que nul voyageur, en arrivant, n'ignore qui tu étais. Je dicterai ta vie à mes scribes. Ils la recopieront à l'infini pour qu'elle se raconte, à travers tout le monde habité.

« Je ne t'oublierai pas, Enkidou. Ni moi ni personne. Tu restes parmi nous. Tu continues de nourrir nos pensées, nos regards sur le monde. Chacun, devant la brume de l'aube, dira : "Regardez, Enkidou s'éveille. Il respire." Chacun, devant les ondulations de l'orge sous le soleil, dira : "Enkidou est heureux, il frissonne de joie." Et chacun, au bivouac[14], devant la fumée des feux qui monte droit, dira : "Faites silence ! Enkidou songe. Ne troublez pas sa rêverie."

« Enkidou… mon ami… je t'aime tant. »

---

11. Pierre dure de couleur sombre.
12. Pierre blanche.
13. Qui ne pourrit pas.
14. Campement.

Lorsque les gens du palais arrivent, bien plus tard, pour prendre des nouvelles, ils les découvrent serrés l'un contre l'autre, mort et vivant réunis. Ils n'osent faire un geste, dire un mot, et ils attendent en pleurant doucement.

La journée passe ainsi et, aux premières buées de la nuit, une plainte déchirée s'élève du palais et plane longtemps sur la ville. Dans les quartiers, on l'entend. On comprend.

« Enkidou est mort et Gilgamesh le pleure. »

Et chacun s'habille d'un vêtement rouge, couleur du deuil, puis laisse éclater son chagrin, à l'unisson de[15] son roi.

Les funérailles ont lieu le lendemain.

Emboîté dans deux grandes jarres d'argile, Enkidou est enfoui sous le rempart, à la limite de la ville et des champs infinis. Moitié à la steppe, moitié à la cité. Tel dans la mort que dans la vie.

Gilgamesh, entre ses mains serrées, a glissé une corne de gazelle.

[…]

Résumé de la fin du chapitre 11 et du chapitre 12 : *Gilgamesh erre à travers le palais, pleurant son ami ; le moindre objet qu'il a touché lui parle de lui. Ne sachant plus que faire, il se rend dans la steppe pour essayer d'y retrouver son image, mais seule lui revient la vision horrible de son ami mort, le visage froid et dur… Une peur immense s'empare alors de lui, celle de sa propre mort… Gilgamesh se dit qu'il doit bien y avoir un moyen d'échapper à la mort. Il se souvient alors avoir entendu parler d'un homme à qui les dieux ont offert l'immortalité, un certain Outa-napishti qui vit à l'extrême bout du monde. Le voilà parti, en quête de son secret…*

| **15.** En complète union avec.

Questions

Repérer et analyser

La maladie

1 Relevez les expressions, dont une comparaison, qui marquent les étapes et la progression de la maladie de la ligne 1 à 85.

2 Que font Gilgamesh et Enkidou pour essayer de venir à bout de la maladie (l. 35 à 46) ?

3 a. Qu'est-ce qui manque le plus à Enkidou (l. 59 à 73) ?
b. À qui s'adresse-t-il successivement, l. 68 à 73 ? Quel souhait formule-t-il ?

Le Royaume des Morts

4 Comment est appelé le Royaume des Morts ? Citez trois expressions (l. 86 à 112).

5 a. Qui est la reine des Enfers ?
b. Qu'est-ce que cette tablette de vie, évoquée l. 127 ? Comment expliquez-vous le geste de la reine des Enfers ?

6 a. Décrivez le démon qui reçoit Enkidou dans le Royaume des Morts.
b. Décrivez le monde souterrain. Quelle image en est donnée (l. 97 à 101) ?

7 a. En quoi Enkidou et les autres morts se sont-ils transformés ?
b. Que font les morts sous terre ? Qui sont « les plus avantagés » ?

8 a. Expliquez l'expression : « l'oubli est une seconde mort » (l. 113).
b. Quel message ultime Enkidou veut-il transmettre à Gilgamesh (l. 116 à 124) ? Relevez une expression qui montre la force du sentiment qui le lie à son ami.

Les rêves

Dans les civilisations antiques, les rêves étaient considérés comme prémonitoires, c'est-à-dire qu'ils avertissaient d'un événement à venir.

« Je ne t'oublierai pas, Enkidou »

9 **a.** Quel rêve Enkidou fait-il avant de tomber malade ?
b. Comment Gilgamesh interprète-t-il ce rêve ? Quels conseils lui donne-t-il ? Quel est le mode utilisé ? (l. 14 à 29)
c. Quel rêve Gilgamesh a-t-il fait au moment où Enkidou est mort ?
d. Quel est le sens de ces rêves ?

La perte de l'ami

• Le thème de la mort de l'ami se retrouve souvent dans les épopées : dans *L'Iliade*, d'Homère, la mort de Patrocle plonge Achille dans la douleur.
• L'épopée comporte des moments pathétiques (particulièrement émouvants) : avec la disparition de son ami Enkidou, Gilgamesh fait l'expérience de la douleur.

10 **a.** Comment Gilgamesh comprend-il que son ami n'est plus ?
b. Quels gestes désespérés fait-il (l. 149 à 160) ? Dans quel but ?
11 **a.** Quel type de phrase utilise-t-il, l. 144 à 148 ? Quels sentiments éprouve-t-il ?
b. « Je ne t'oublierai pas, Enkidou » : combien de fois Gilgamesh répète-t-il cette phrase ? Quel est l'effet produit ?
c. Relevez les verbes au futur, l. 167 à 172. Quels sont les projets de Gilgamesh ?
12 **a.** Dans quel emplacement la sépulture d'Enkidou se trouve-t-elle ? Que symbolise ce lieu ?
b. Quel objet Gilgamesh a-t-il mis entre les mains d'Enkidou ? Pourquoi ?

Étudier la langue

Conjugaison : le mode impératif

13 Mettez les expressions suivantes à l'impératif présent (à la 2e personne du singulier et aux 1ère et 2e personnes du pluriel) :
a. Être courageux. **b.** Ne pas avoir peur. **c.** Se réveiller. **d.** Ne pas partir. **e.** Ne pas se désespérer. **f.** Promettre.

Extrait 6

« J'ai décidé d'aller chercher la vie-sans-fin. »

Résumé : *Gilgamesh se dirige donc vers le bout du monde et commence un long voyage périlleux : il doit faire face à la fatigue, à la faim, au sommeil, affronter ours, lions et panthères ; il se revêt de peaux de bêtes et de fourrures... Enfin, il arrive au pied des Monts-Jumeaux, deux montagnes noires qui touchent le Ciel et entre lesquelles s'étend un étroit tunnel. C'est par là que le Soleil passe tous les matins pour aller éclairer la Terre. Deux Hommes-Scorpions, mâle et femelle, en gardent l'entrée. Quand ils reconnaissent Gilgamesh, ils lui permettent de pénétrer dans le tunnel mais ils le préviennent : « C'est une épreuve. Cent mille pas dans l'obscurité de ta vie. Et cent mille de tes plus noires pensées pour compagnes ! » (ch. 13)*

Gilgamesh avance dans l'obscurité ; il croit voir surgir devant lui le Taureau Céleste, puis Houmbaba. Il se rappelle la violence des combats. Au bout de douze heures de marche, il aperçoit une lueur, sent de l'air frais et perd conscience... (début du ch. 14)

Chapitre 14

[...] Longtemps après, il ouvre les yeux. Son corps fourmille de fatigue et une lumière étrange l'entoure. Elle chauffe sans brûler et enveloppe ses membres. Elle chatoie[1] et, sous sa caresse, ses douleurs fondent.

---

1. Brille avec différents reflets.

Il veut se redresser, voir les lieux, faire quelques pas. Mais une volonté plus forte le maintient immobile.

Une musique lui parvient. Un tintement. Comme de minuscules cloches de bronze. Ou la lumière elle-même. Oui ! La lumière qui ondule sous la brise.

Il parvient à s'asseoir et se découvre au milieu d'un verger[2], planté à perte de vue d'arbres fruitiers. Mais quels arbres ! Tous couverts d'une magnifique récolte de pierres fines. Ce sont elles, en filtrant la lumière, qui le baignent de leur douceur. Elles qui réparent ses blessures.

Gilgamesh se lève alors et s'avance vers les arbres, va de l'un à l'autre en s'émerveillant, effleure les feuillages, soupèse les fruits, hume[3], goûte.

Cet arbre porte des grenats[4]. Celui-ci est couvert d'agates[5] dont les rires amusent tout le verger. Là, de la diorite[6], franche et fidèle. Plus loin, un bouquet d'ambres[7] l'attire et il reçoit comme une averse, leur lumière dorée. Il traverse un buisson de cornalines[8], salue des albâtres[9], pleins de sérénité[10], reconnaît encore des jaspes[11] rouges, une calcédoine[12], des serpentines[13], une marcassite[14] fière de sa pureté, une majestueuse lazulite[15], des calcaires blancs dociles, des basaltes[16]…

Cette promenade le métamorphose. Il n'est plus le même. Des pensées lui viennent à l'esprit : souvenirs oubliés, amis lointains… Ce Jardin-des-Arbres-à-Gemmes[17] ne lui est pas étranger. Il le connaît. Il l'a déjà parcouru. Mais quand ?

---

2. Terrain planté d'arbres fruitiers.
3. Respire.
4. Pierres fines de couleur rouge foncé.
5. Verres d'apparence marbrée.
6. Pierre dure de couleur noire.
7. Pierres ayant un reflet jaune doré.
8. Pierres translucides rouges.
9. Pierres blanches.
10. Paix.
11. Pierres rouges présentant des bandes diversement colorées.
12. Pierre de même nature que l'agate.
13. Pierres vertes.
14. Pierre d'éclat métallique.
15. Pierre bleue.
16. Pierres volcaniques noires.
17. Pierres précieuses.

Sceau cylindre : présentation du dieu Shamash, époque d'Agadé (vers 2350-2200 av. J.-C.), Mésopotamie. Paris, musée du Louvre.

30 La question lui donne le frisson et les arbres, à l'unisson, frissonnent avec lui.

Il répète :

« Quand ? »

Et la même onde les électrise, les arbres et lui, comme s'ils
35 n'étaient qu'un seul être vivant. Une réponse l'effleure, mais il n'ose pas l'entendre.

« Parle ! » l'encourage une voix amie.

C'est Shamash[18]. Shamash qui n'a pas voulu se manifester lorsqu'il était dans l'épreuve du noir et qui se montre.

40 « Parle ! Tu sais ! »

Et Gilgamesh répond, comme si en lui, un autre prenait la parole.

« Le défilé des Monts-Jumeaux, c'était moi. J'ai accepté d'en boire toute la lie[19]. Ce jardin, ces arbres, cette récolte,
45 c'est encore moi et ils m'offrent un festin de lumière.

– Oui, poursuit Shamash. Toi, tel que tu étais au premier matin de ta vie. Tel que tu t'es oublié. Tel que tu es demeuré sous les salissures.

– Alors, je suis arrivé, Shamash ! Dis, la vie-sans-fin, je l'ai
50 trouvée ! »

---

18. Dieu du Soleil.

19. Dépôt qui se forme au fond d'un liquide. Boire la lie : boire le plus mauvais.

Shamash se tait et Gilgamesh, à ce silence, comprend qu'il n'a parcouru qu'une étape de plus. Il est déçu et sa déception, aussitôt, ternit l'éclat de ses arbres. Le doute éteint son cœur.

Il faut encore lutter…

Chapitre 15

[…] Quelques jours après, il atteint un rivage.

« La mer ! » s'exclame-t-il en tombant à genoux.

Une plage de sable fin, un ressac paisible, un ruban d'écume où chuchotent les coquillages.

« La mer d'eau salée qui encercle la terre habitée par les hommes. Je suis aux confins du monde. »

Il regarde l'horizon marin, il regarde le rivage et se laisse imprégner par l'énergie des lieux.

« Le pays d'Outa-napishti l'Éternel ! »

Au loin, une barrière de rochers ferme la plage. Gilgamesh la voit et une certitude jaillit en lui.

« Là-bas ! »

Il se relève et se précipite.

Les rochers dissimulent une crique protégée des vents. Une bicoque[20] de briques séchées se dresse au pied d'une dune et contemple la mer.

« Une cabane pour un immortel ! murmure Gilgamesh. Le plus humble des coffrets pour le trésor des trésors ! »

Plus aucun doute n'est permis. C'est bien là que les dieux ont caché Outa-napishti. Et voici son palais.

Il reprend sa marche, heureux d'en avoir terminé. Mais à mesure qu'il approche, le domaine de l'immortel se précise.

---

20. Petite maison très simple.

Des jarres sont alignées le long d'un mur, tout près d'une cuve de fermentation pour la bière[21]… Une femme va et vient devant la maison. Et Gilgamesh comprend qu'il s'est encore trompé.

« Une taverne[22] ! C'est une taverne ! Et je l'ai prise pour une demeure d'éternité ! »

Nouvelle pirouette des dieux qui se complaisent à le torturer ! Nouveau pied de nez ! Il est hors de lui. Il s'en veut d'avoir mordu à leur appât.

La rage au ventre, il s'élance. Puisqu'ils sont hors d'atteinte, c'est leur obstacle qu'il va fracasser ! Le rivage gronde sous sa course. Une nuée d'orage couvre sa tête. La tavernière voit une bourrasque approcher, avec un géant à sa tête. C'est la mort qui fond sur elle. Elle prend peur. Elle se précipite à l'abri dans sa maison et s'y barricade.

Mais Gilgamesh est déjà là. Il hurle, secoue la porte. Les gonds gémissent.

« Ouvre, femme ! Ou je transforme ta masure[23] en un champ de tessons ! »

Ses murs ne résisteront pas, sa porte non plus. Sidouri la tavernière est seule et l'histoire de sa vie a été écrite par les dieux. Elle ne peut qu'accepter de la vivre. C'est son unique liberté. Alors, elle déverrouille sa porte et paraît sur le seuil. La colère de Gilgamesh tombe d'un coup.

Sidouri suffoque. Elle résiste pour ne pas reculer. L'être, dont la haute silhouette la domine, pue comme un fauve. Il est sale, décharné, revêtu de loques de fourrures et ses yeux brillent d'un éclat effrayant.

Gilgamesh, lui aussi, résiste pour ne pas reculer. Depuis des mois, il n'a rencontré que des bêtes, des obstacles, des épreuves

---

21. La bière, boisson faite avec de l'orge fermenté et de l'eau, est née en Mésopotamie.

22. Auberge.
23. Pauvre maison.

mortelles. Et soudain, devant lui, la transparence d'une source, la légèreté d'un sourire, la fraîcheur d'une pâture…

« Femme, dit-il de sa voix cassée par la solitude, tu m'as vu et tu as fui. Pourquoi ?

– Parce que ce n'était pas un homme qui courait, mais la mort. Et j'ai pris peur. »

La tavernière le voit désemparé par sa réponse. Elle regrette sa franchise.

« Profite de ma maison, lui propose-t-elle. Bois ma bière. Repose-toi. »

Elle lui offre une gourde qu'il vide d'un trait. Puis il s'assoit contre le mur chaud de la taverne et entame une jarre de bière épicée.

Les parfums de la boisson raniment sa mémoire, font reverdir son corps, comme l'Euphrate les jardins d'Ourouk. Il entend la voix de sa ville qui murmure. La fatigue tombe sur lui et la tristesse aussi.

« Parle, l'invite Sidouri. Je vois bien qu'un chagrin verrouille ton cœur. »

Elle s'accroupit devant lui et prend sa main.

« Confie-toi. »

Et Gilgamesh, dénoué par la douceur de Sidouri, commence à raconter.

« Mon chagrin porte un nom : Enkidou. Il est né sauvage, dans la steppe, et j'ai eu peur de sa force. J'ai décidé de le briser et, pour cela, je lui ai tendu un piège afin de le changer en homme. Mais le piège s'est retourné contre moi : Enkidou est devenu mon ami. Je l'ai aimé. Il a illuminé ma vie. Avec lui, j'ai conquis la Forêt des Cèdres, vaincu Houmbaba son gardien, terrassé le Taureau d'Ishtar. De grands exploits !

« Mais, un jour, la mort l'a couché et il ne s'est plus relevé.

J'ai compris que moi aussi je me coucherai un jour et que plus jamais je ne me relèverai. Alors, j'ai décidé d'aller chercher la vie-sans-fin. »

Sidouri caresse sa main, toute bourrelée de corne[24].

« Cesse de pourchasser une ombre, Gilgamesh, murmure-t-elle avec douceur. La vie-sans-fin n'est qu'un rêve, tu le sais bien. Un trésor que les dieux ne veulent pas partager. Tout finit par disparaître sur la terre. Rien ne dure éternellement. Ni les maisons qui s'écroulent, ni les royaumes qui tombent en ruine, ni les serments que l'on trahit toujours, ni l'amour, ni la haine… Profite de la vie, plutôt, pendant que tu la tiens. Cesse de t'épuiser à courir le monde. Regarde-toi. Tu es comme un potager après le passage de la grêle. »

Sidouri… dorée comme sa bière. Sidouri… sa voix, plus suave[25] que les dattes. Sa peau, plus tendre que les plantes aquatiques…

« Reste avec moi ! Je te redonnerai tes mains d'homme pour caresser, ton corps d'homme pour aimer, ta vie d'homme pour oublier que tu n'es pas un dieu. »

Gilgamesh l'écoute et songe à Enkidou, plus que jamais son semblable. Il a tourné le dos à sa vie passée, oublié les raffinements de son pays. Il est redevenu sauvage et, comme son ami quand il était primitif, le voici seul avec une femme[26].

« Et si cette tavernière était un piège ?… s'interroge Gilgamesh. Qui l'a tendu pour moi ? Qui peut vouloir que je reste ici, loin de tout ? Qui, sinon les dieux qui ont peur que je réussisse à devenir immortel ? »

Il se dresse soudain, décidé à partir, et Sidouri comprend qu'elle ne le retiendra pas.

« Où se cache Outa-napishti ? Dis-le-moi !

---

24. Peau qui s'est durcie.
25. Douce.

26. Gilgamesh avait envoyé une femme pour civiliser Enkidou quand il vivait dans la steppe à l'état d'être sauvage.

– De l'autre côté de la mer, répond-elle en désignant le large. Renonce. Personne n'a jamais traversé. À part Shamash, tous les matins, de sa longue foulée et Our-Shanabi le passeur.

– Et où est-il, ce passeur ?

– Là derrière, dans la forêt, avec ses gens. Mais rien ne dit qu'il voudra t'emmener.

– C'est bien ce qu'on verra ! »

Il part aussitôt, franchit les dunes en deux enjambées, arrive dans la forêt et appelle.

« Our-Shanabi ! Où es-tu, passeur ? »

Des bruits de feuillages lui répondent. Comme ceux d'une troupe de rabatteurs en quête de gibier.

« Our-Shanabi ! Montre-toi ! »

Soudain, Gilgamesh est encerclé par un groupe de guerriers à la cuirasse grise. Il dégaine sa hache, tire l'épée de son fourreau et charge sans merci. Le bronze des armes tinte, crache des étincelles. L'air sent le silex[27] battu. Les assaillants cèdent, tombent les uns après les autres, jusqu'au dernier.

Le combat terminé, au lieu des corps de ses adversaires, Gilgamesh ne découvre que gravats et blocs de roche fracassée.

« Des Êtres de pierre ! »

En parcourant le champ de bataille, il tombe sur un homme, tapi dans un buisson, épouvanté par le désastre : Our-Shanabi.

Gilgamesh le saisit, l'entraîne sur le rivage et lui montre la mer.

« Outa-napishti… Là-bas… Fais-moi passer !

– Comment veux-tu que je fasse, malheureux ! Tu viens de détruire mes outils !

– Tes outils ?

| **27.** Pierre dont se servaient les hommes préhistoriques pour allumer le feu.

– Oui, Ceux-de-pierre que tu as massacrés ! Ils se mettaient à l'eau, lorsque nous abordions la Passe de la Mort et remorquaient le bac. Cette eau-là, une seule goutte sur ta peau et tu meurs ! Eux étaient protégés. Sans eux, plus moyen de traverser ! »

Tout est perdu. Gilgamesh, une fois de plus, a fait usage de sa force colossale. Une fois de plus, il a vaincu. Une fois de plus, sa victoire se retourne contre lui…

Il se laisse tomber devant la mer. Ses efforts, sa tension, ses privations n'ont servi à rien. Il ne rencontrera jamais Outanapishti.

Pourtant, dans la tourmente de son cœur, une voix lui parvient. C'est Our-Shanabi, bouleversé par la détresse de ce grand homme.

« Il y a peut-être un moyen ! » propose-t-il.

Gilgamesh ne répond pas. Il se contente de lever les yeux vers lui.

« Il faudrait que tu coupes des arbres de trente mètres de longueur. Cent vingt arbres. Et que tu les tailles en pointe. Et que tu les durcisses au feu. Ils serviraient de rames. Ainsi, nous pourrions franchir la Passe jusqu'à l'autre rive. Mais j'ai bien peur que ce soit impossible. »

Gilgamesh est ému. Pour la première fois, il sent le goût salé des larmes.

« Qui es-tu, Our-Shanabi ? lui demande-t-il. Je tue tes serviteurs et tu me rends la vie… »

Il se lève.

« Cent vingt arbres, dis-tu. C'est comme si c'était fait ! Prépare le bac. »

Questions

« J'ai décidé d'aller chercher... »

Repérer et analyser

Le voyage initiatique

Le voyage initiatique est un voyage effectué par un personnage en quête d'une vérité sur le monde et sur lui-même. Il est fait d'épreuves et de rencontres qui permettent au personnage d'accéder à la connaissance et de se transformer.

La quête et les lieux parcourus

1 Dans quel pays Gilgamesh veut-il aller ? De quoi est-il en quête ?

2 Quels différents lieux et paysages Gilgamesh traverse-t-il ?

3 a. Combien de fois et dans quels lieux a-t-il cru être arrivé dans le pays qu'il recherche ? Citez le texte.
b. Poursuit-il ? Se décourage-t-il ?

Le jardin

Dans tout voyage initiatique, le héros a des épreuves à surmonter. Il fait l'expérience d'une mort symbolique (pour Gilgamesh, le passage du tunnel, voir hors-texte) puis vit une renaissance.

4 En quoi le jardin dans lequel arrive Gilgamesh est-il merveilleux ? Relevez le vocabulaire des sensations (lumière et couleurs, sons, goûts, odeurs).

5 a. À quel jardin des premiers jours de l'humanité ce jardin vous fait-il penser ?
b. En quoi ce jardin symbolise-t-il une renaissance pour Gilgamesh ? Citez une expression précise (l. 46 à 48).

6 « Cette promenade le métamorphose » (l. 26) : qu'a-t-il trouvé dans le jardin ?

La rencontre avec Sidouri

7 Qui est Sidouri ? Dans quel lieu sa maison est-elle située ?

8 a. Sidouri encourage-t-elle Gilgamesh à poursuivre sa quête ? Justifiez votre réponse.
b. Quels conseils lui donne-t-elle (l. 142 à 150) ? Relevez les verbes au mode impératif.

Le récit de Gilgamesh

9 Quelle information lui fournit-elle concernant la situation du pays de la vie-sans-fin ?

10 Gilgamesh écoute-t-il Sidouri ? Pourquoi ?

La rencontre avec le passeur

11 a. Quel est le nom du passeur ?

b. Quel est le lieu qu'il fait traverser ? Quels en sont les endroits dangereux ?

12 a. Quelle grave erreur Gilgamesh commet-il à l'égard du passeur ?

b. Le passeur lui en veut-il ? Pourquoi ? Que lui propose-t-il pour réparer cette erreur ?

c. Gilgamesh est-il étonné par la réaction du passeur ? Pourquoi ? Citez le texte.

L'évolution de Gilgamesh

13 En quoi Gilgamesh, le puissant roi d'Ourouk, a-t-il changé ?

a. Relevez les expressions qui le décrivent au moment où il arrive chez Sidouri (l. 101 à 104).

b. Montrez qu'il se sent plus proche encore d'Enkidou (l. 157 à 160).

14 a. À quel moment la nature violente de Gilgamesh réapparaît-elle ? Relevez le vocabulaire de la violence lignes 83 à 104. Comment expliquez-vous cette réaction ?

b. Que découvre Gilgamesh, pour la première fois, lorsque le passeur accepte de l'aider ?

Écrire

Décrire un jardin

15 Décrivez un jardin que vous aimez ou avez aimé étant petit(e) (à la campagne, jardin public...). Dites ce qu'on y trouve (végétation, petits animaux...) ; insistez sur les lumières, les couleurs, les parfums...

Extrait 7

« Voilà comment tu deviendras immortel ! »

Gilgamesh a abattu cent vingt arbres pour fabriquer cent vingt longues perches, puis il part avec le batelier Our-Shanabi. Quand ils arrivent à la Passe de la Mort, Our-Shanabi lui demande de plonger les perches une à une dans l'eau, de toucher le fond, d'exercer une poussée sur le bateau pour le faire avancer, puis d'abandonner la perche et de recommencer avec la suivante. Il doit prendre garde de ne jamais tremper ses mains dans l'eau, ni recevoir une éclaboussure, car une seule goutte sur la peau fait mourir... Gilgamesh réussit cette épreuve et débarque sur l'île où vit le vieux Outa-napishti.

Chapitre 16

[...] Outa-napishti apparaît à son tour. Il est petit, mince, vêtu d'une tunique de lin blanc et son visage est transparent comme un bassin d'eau fraîche. Il regarde Gilgamesh avec un sourire de bienvenue.

5 « Qui es-tu donc, visiteur ? Et que veux-tu ?
– Je m'appelle Gilgamesh. Je suis roi et homme, du côté de mon père, qui était l'un et l'autre. Mais je suis dieu aussi, en partie, du côté de ma mère, la déesse du gros bétail. »
Par sa façon d'écouter, Outa-napishti encourage la parole,
10 et Gilgamesh, soulagé d'avoir atteint son but, confie sa vie sans retenue. Il dit sa façon de régner, brutale, autoritaire. Il dit ses provocations, ses violences. Il n'oublie rien. Il dit aussi son désarroi devant le cadavre de son ami. Il dit sa propre terreur de la mort.

« Voilà ! conclut-il. J'ai usé mon corps dans la montagne. J'ai usé mon cœur en acceptant mon passé, en prenant tous les torts à ma charge. J'ai usé mon vieux cuir d'homme et me suis vêtu de fourrure de bête, en espérant qu'une autre peau me pousserait. J'ai bataillé contre moi-même pour trouver ta retraite[1] et me voici. Donne-moi, je t'en prie, le secret de la vie-sans-fin. Je le mérite. Oh oui, donne-le-moi et apaise mon chagrin ! »

Outa-napishti ne répond pas. Il regarde ce géant que ses illusions ont délabré. Il mesure sa grande endurance, son grand courage. Mais il hésite à parler. Il sait qu'il va le faire souffrir. Alors, avec d'infinies précautions dans la voix, beaucoup d'amour dans le cœur, il répond :

« Je ne peux rien te donner, Gilgamesh. Tout ce que tu désires, tu le possèdes déjà. »

Gilgamesh écoute ce jugement foudroyant qui consume son rêve.

« Ton destin a été écrit, tu le sais, avant l'aurore qui se levait sur ton premier matin. Je n'ai pas le pouvoir de le corriger. Mais tu devrais prendre le temps de lire ta tablette de vie[2] avec plus d'attention. »

Outa-napishti n'a pas achevé que Gilgamesh se jette sur lui, comme un fauve.

« Donne le secret ! Donne ! Sinon, je te le fais cracher ! »

Un orage éclate soudain. La foudre, autour d'eux, jette ses crépitements bleus. L'air sent la pourriture. Le sol grouille de serpents et les moutons qui paissaient sur la falaise se changent en démons.

Gilgamesh lâche Outa-napishti, dégaine son épée et se met en garde. Les démons jubilent, dardent[3] leurs aiguillons et

---

1. Lieu où l'on se retire.
2. Tablette d'argile sur laquelle le destin des hommes serait écrit d'avance.
3. Pointent.

leurs crocs, provoquent leur proie, pendant que les serpents enserrent déjà ses jambes.

« Ce n'est pas le bon moyen, Gilgamesh. Tu t'abîmes. »

Cette voix, au-dessus de la fureur.

« Réfléchis, Gilgamesh ! Regarde bien autour de toi et réfléchis ! »

Cette voix d'un père qui encourage son fils à comprendre ses erreurs.

Gilgamesh baisse sa garde[4]. Les monstres se calment.

« Le sauvage, le pourri, le féroce, c'est… mon cœur. »

Il se tait. Il pense au Jardin-des-Arbres-à-Gemmes. C'était son cœur aussi. Le meilleur habite avec le pire.

« Choisis ! répond Outa-napishti qui lit toutes ses pensées. Cette liberté-là, tu la possèdes. Jusqu'à maintenant, tu as toujours préféré le pire. Fais-en usage pour le meilleur ! Tu le peux. Mais un ennemi t'en empêche. Un ennemi en toi : ta force ! »

La voix d'Outa-napishti s'est durcie.

« Un ennemi, oui ! Parce que tu l'utilises sans discernement. Pour un oui, pour un non. Tu fonces et tu casses. Et tu te redresses, tu es fier. Cela te donne l'impression d'avancer. Mais ta force est un raccourci, Gilgamesh, et c'est en prenant les raccourcis qu'on s'égare ! Vois où elle t'a conduit ! »

Le rivage de l'arrivée a disparu. Gilgamesh, maintenant, se trouve au milieu d'un jardin. Crevé d'herbes folles, les légumes s'y étiolent[5], les plantes fanent et les canaux, mal curés[6], sont obstrués par la vase. Le plus pitoyable des potagers de Sumer !

« Est-ce là le domaine d'un roi ? lui demande Outa-napishti. Les dieux ne t'ont pas offert la royauté pour que tu négliges ton jardin, pour que tu batailles au loin, que tu les jalouses au point de vouloir devenir l'un des leurs. Tu as mieux à faire.

| **4.** Baisse son épée, cesse le combat. | **5.** Ne se développent pas. | **6.** Nettoyés.

Tu es un homme, alors fais régner l'homme. En toi, en chacun. »

Gilgamesh écoute sans protester. Ce langage résonne en lui. Il le connaît sans l'avoir appris, mais il ne l'a jamais parlé.

« En suis-je capable ? Et comment l'apprendre ? »

Il va poser ces questions à son hôte, mais une autre les devance.

« Est-ce que je serai immortel, ainsi ?

– Oui, tu seras immortel ! Comme tous ceux qui ont fait briller l'esprit, qui ont accompli une œuvre juste. Non seulement personne ne t'oubliera, mais chacun portera en lui une part d'humanité que tu auras donnée. Voilà comment tu deviendras immortel !

– Mais cette immortalité n'est pas la même que la tienne !

– Non ! Mais c'est celle qui te convient. Chacun raconte sa propre histoire et les histoires de chacun s'additionnent pour composer la grande histoire du monde. Ta part est immense dans ce récit. Ne la néglige pas. Accepte-la ! »

À mesure qu'Outa-napishti explique, le visage de Gilgamesh se ferme.

« Alors, dit-il, je vais mourir malgré tout... Qu'est-ce que tu as de plus que moi, dis, pour mériter de vivre éternellement ? Pourquoi as-tu cette chance ? Pourquoi pas moi ?

– C'est à cause du Déluge, répond l'immortel. Une vieille aventure. Si tu veux la connaître, allons dans ma maison. Nous serons plus à l'aise pour converser. »

Chapitre 17

La maison d'Outa-napishti ne paie pas de mine. Minuscule cabane de roseaux au bord d'une rivière. Mais quand ils y pénètrent, elle se révèle aussi vaste qu'un palais.

Une femme les y accueille. Petite, légère, le visage généreux, comme la pleine lune.

« Je te présente mon épouse, dit Outa-napishti. Elle ne m'a jamais quitté et m'a accompagné dans le grand voyage de l'Arche.

– L'Arche ?

– Je vais t'expliquer. Mais d'abord, assieds-toi sur cette natte, mange un pain et bois une coupe de bière. »

Quand Gilgamesh a bu et mangé, Outa-napishti entame son récit.

« J'étais roi, jadis, comme toi, et je régnais sur la ville de Shouroupak. Un jour que je priais dans ma maison, j'entendis une voix qui parlait à mes murs. Elle disait : "Palissade de roseaux, écoute-moi. Je détiens un secret que j'ai promis de ne pas révéler aux hommes. Il est très grave et je veux te le confier, car je sais que toi, chère palissade, tu te tairas."

« J'avais reconnu la voix d'Éa[7], mon dieu, et compris que c'était à moi qu'il s'adressait en réalité.

« "Les dieux, poursuivit-il, ont décidé d'anéantir les hommes en les noyant sous un déluge d'eau. Il faut te mettre à l'abri, car personne n'en réchappera. Voici ce que tu vas faire.

« "Commence par démolir ton palais et récupères-en le bois. Il t'a vu vivre, il connaît ta voix, tes pensées. Il respire du même souffle que toi. Ce bois, c'est toi. Utilise-le pour construire ton refuge : une Arche, en forme de cube, de soixante mètres d'arête. Répartis sa hauteur sur sept étages, autour d'un mât central qui servira de support. Aménage neuf chambres par niveau où tu entreposeras tout ce qu'il te faut pour vivre, à ta femme et à toi. Ensuite, attends mon signal.

« – Mais, Éa, lui demandai-je, que vais-je dire à mes sujets ?

| **7.** Fils du dieu Anou, créateur de l'humanité (voir p. 15).

Quand ils vont me voir détruire ma maison, ils vont me prendre pour un fou.

« – Dis-leur qu'Enlil[8] est en colère après toi, qu'il veut te punir et que tu dois les quitter pour qu'ils soient épargnés. Quant au signal de l'imminence[9] du Déluge, il viendra du ciel.

« "Un matin, il pleuvra du blé dur. Puis, quantité d'oiseaux se laisseront capturer, une profusion de poissons alourdiront les nasses[10]. Et le soir, des averses de blé tendre achèveront cette journée.

« "Toi, n'écoute pas les cris de joie. Entre dans l'Arche avec ta femme, calfeutre-toi[11] bien et attends. La fin du monde est proche."

« Tu imagines mon trouble, après une telle révélation ! ajoute Outa-napishti. Mais pas un instant je n'ai douté de mon dieu et j'ai suivi tous ses conseils, sans le moindre regret.

« J'ai donc démoli mon palais et construit un nouveau chez-moi. Pas seul, bien sûr. Tous mes charpentiers étaient là pour scier, mortaiser[12], ajuster, cheviller[13]. Une fois la carcasse dressée, on la recouvrit de planches de cèdre et l'on fit fondre du bitume[14] pour calfater[15] les joints. Trente-six hectolitres et soixante-douze de plus à embarquer pour le voyage, en cas de besoin. Éa m'avait conseillé ces quantités. Elles étaient justes et leur signification, subtile. En effet, trente-six est le nombre du Ciel. Lui qui allait tout détruire, protégeait en même temps la coque de mon navire. Soixante-douze est le nombre de la Terre et c'est elle que j'allais emporter dans l'Arche avec moi, à travers tout ce qu'elle avait produit de bon et de beau. Quant à la somme du Ciel et de la Terre, cent huit, c'est le nombre de l'Homme.

---

8. Fils du dieu Anou, sorte de Premier ministre (voir p. 15).
9. Approche, proximité.
10. Filets de pêche.
11. Enferme-toi.
12. Entailler.
13. Assembler.
14. Goudron.
15. Rendre étanche.

« Je compris ainsi l'intention d'Éa. Il me confiait, à moi, la mission de faire naître de l'épreuve une nouvelle humanité. Éa qui voit loin est un grand dieu.

« Tous les travaux furent achevés en cinq jours.

« Alors, le chargement commença et chacun m'offrit, en souvenir, ce qu'il possédait de plus précieux. Le scribe apporta des tablettes de signes et un calame[16], le maçon un moule à briques et un niveau, le jardinier un palmier et une houe[17], le joaillier une lyre à tête de taureau et un creuset[18], le sculpteur une statue d'albâtre et un ciseau, le pêcheur un filet, le chasseur un arc, le berger une houlette[19]…

« Tout le savoir des hommes à la tête noire trouva refuge dans l'Arche et, ainsi équipée, on la fit rouler jusqu'au fleuve sur un chemin de rondins. Après quoi, je donnai une grande fête, pareille à celle de l'Akitou du printemps, car c'était un renouveau de l'Homme que le désastre préparait.

« Le lendemain de cette fête, la première averse de blé dur se déversa sur le pays. Le signal ! Je frémis d'émotion. Mon peuple, lui, poussait des cris de joie en bénissant les dieux. Chacun se précipitait avec des paniers pour ramasser le blé, des arcs pour abattre les oiseaux, relevait les nasses chargées de poissons.

« Personne ne remarqua mon départ.

« Posément, je fis le tour de mon royaume. Je visitai mes troupeaux et mes parcs animaliers. J'y prélevai un couple de chaque espèce domestique et sauvage. Je les installai dans tous les compartiments de l'Arche, du niveau le plus bas jusqu'au plus élevé, selon leur aptitude à évoluer. Puis je fis monter mon épouse bien-aimée. Je refermai l'écoutille[20] sur nous et la calfeutrai soigneusement, avec de la filasse et du goudron.

---

16. Roseau taillé servant à écrire.
17. Voir note 7, p. 10.
18. Récipient creux.
19. Bâton de berger.
20. Ouverture sur le pont d'un navire qui donne accès aux étages inférieurs.

« Le compte à rebours était lancé. Nous attendions le grand commencement.

« Tout se figea soudain. Les bêtes et les choses savaient et se taisaient. Alors un choc sourd, au fin fond de l'espace, fracassa les digues[21] du ciel et toutes ses réserves d'eau douce roulèrent en grondant, déchiquetèrent la voûte céleste et s'abattirent sur la terre.

« Les villes furent balayées d'un coup et les hommes, hachés comme de la paille. Rien ne résista. Tout fut broyé, battu, liquéfié. La nuit noircissait le monde, et les épées de la pluie saignaient l'obscurité à blanc.

« Même les dieux étaient terrifiés par ce qu'ils avaient provoqué. Ils en avaient perdu le contrôle et Déluge, tel un jeune monstre, n'obéissait qu'à lui-même et s'en donnait à cœur joie.

« L'Arche résistait bien. La crue[22] l'avait emportée et elle dérivait, bercée par le flot du nouvel océan.

« Mon heure était venue. Une grande tension régnait autour de moi et je devais ramener la sérénité. Aussi, je descendis au premier niveau, celui des bêtes les plus féroces, et je restai longtemps, dans chaque compartiment, afin de les apaiser. Puis je recommençai avec les animaux du deuxième niveau, du troisième, et ainsi jusqu'au septième, en m'élevant le long du mât central de l'Arche.

« Dans chaque loge, je recueillais la peur, la cruauté, la fourberie, la panique, la brutalité, la soumission. En échange, j'offrais des contraires : la confiance, la bonté, la franchise, le calme, la douceur, l'indépendance. J'apprivoisais, j'éduquais, j'apprenais à chacun qu'il existait d'autres manières d'être que la sienne. J'accomplissais ainsi la mission confiée par Éa :

---

21. Murets permettant de contenir les eaux (ici, sens imagé).

22. Débordement des eaux.

enfanter une vie nouvelle qui, peu à peu, se rassemblait dans mon cœur.

« Lorsque j'eus terminé, je fis sauter l'écoutille et sortis à l'air libre.

« Dehors, un océan jaune s'étendait à perte de vue et des montagnes, çà et là, crevaient les eaux et pointaient leurs doigts vers le ciel.

« Immobile, l'Arche se remit à tanguer. Un faible courant l'entraînait. La décrue commençait.

« J'envoyai une colombe en éclaireur, avec une recommandation :

« "Va annoncer aux eaux limoneuses[23] qu'une vie nouvelle est née dans l'Arche."

« Elle s'envola, revint une fois sa mission accomplie, et se blottit en moi.

« J'envoyai alors une hirondelle, avec cette consigne :

« "Va dire que la vie nouvelle est prête à se développer."

« Elle disparut, revint après m'avoir obéi, et s'endormit dans le cœur de mon épouse.

« Enfin, je libérai un corbeau en lui disant :

« "Tu es robuste et perspicace. Va ! Trouve un rivage et installe-toi sur la terre."

« Le corbeau reprit sa liberté et ne revint jamais.

« Peu après, mon vaisseau s'échoua sur une rive. Aussitôt, j'ouvris toutes les écoutilles. Alors, la lumière intérieure de l'Arche jaillit et épousa la lumière du jour.

« Arrivé à terre, je dressai un bûcher pour remercier les dieux. Roseau, cèdre, myrte. Le parfum de la fumée les surprit et ils arrivèrent en se bousculant pour avoir l'explication de ce mystère.

| **23.** Boueuses.

« "Des hommes ! s'exclamèrent-ils. Il en reste donc ! Hourra ! Rien n'est perdu !"

« Tous étaient heureux. Ils dansaient comme des enfants, soulagés de retrouver leur jouet favori, qu'ils croyaient perdu à jamais. Tous, sauf Enlil, d'une humeur massacrante.

« "Comment peut-il en rester ? vociféra-t-il en nous voyant. J'avais dit : 'Mort à l'homme et silence dans les rangs !' Qui a parlé ?

« – Moi ! se dénonça Éa.

« – Évidemment ! J'aurais dû m'en douter. Traître !

« – Absolument pas. Je n'ai pas trahi notre serment. Je ruminais ta décision à haute voix, car elle me troublait. Et Outa-napishti, qui était dans les parages, m'a entendu. Maintenant, si tu veux les faire disparaître, lui et sa femme…

« – Non, non ! protestèrent les autres dieux, bruyamment. Nous avons besoin des hommes ! Profitons de ces deux-là pour en refaire de nouveaux. Nous n'allons tout de même pas nous remettre à travailler !"

« Cela persuada Enlil.

« "Bon ! C'est entendu, gardons-les ! Et puis, tenez, puisque tout le monde applaudit, je ne vais pas bouder votre plaisir. J'y participe aussi en me fendant d'un cadeau."

« Il se tourna vers nous.

« "Voilà ! poursuivit-il sur sa lancée. Pour avoir si bien survécu à mon Déluge, je vous fais immortels. Les maladies, le chagrin et la mort n'auront plus aucune prise sur vous. Mais… parce qu'il y a un mais, comme une nouvelle humanité va naître et que je n'ai pas envie que votre exemple fasse tache d'huile, vous vivrez seuls, au bout du monde, hors d'atteinte des hommes. C'est le prix à payer et pas question de discuter !" »

Questions

« Voilà comment tu deviendras... »

Repérer et analyser

La rencontre avec Outa-napishti

La demande de Gilgamesh

1 Relevez les expressions et la comparaison qui caractérisent Outa-napishti. Comment accueille-t-il Gilgamesh ? (l. 1 à 4)

2 a. Quelle demande Gilgamesh fait-il à Outa-napishti ? (l. 15 à 22)
b. Quelle est la réponse d'Outa-napishti ?
c. Relevez les expressions qui montrent la fureur de Gilgamesh. Quels phénomènes surnaturels témoignent de cette fureur ? (l. 36 à 46)

La leçon

3 Pour Outa-napishti, quel est l'ennemi de Gilgamesh ?

4 a. Dans quelle sorte de jardin Gilgamesh se retrouve-t-il soudain ? (l. 68 à 72)
b. Comment Outa-napishti se sert-il de l'image du jardin pour donner une leçon à Gilgamesh ? Quelle est cette leçon ?

5 Comment Gilgamesh pourra-t-il obtenir l'immortalité ? Est-ce l'immortalité à laquelle il s'attendait ?

6 Relisez les l. 92 à 95 (« Chacun raconte [...] ce récit. »). Grâce à quel récit Gilgamesh est-il devenu immortel ?

Le récit du déluge

7 À quelle personne le récit est-il mené à partir de la l. 117 ? Qui raconte ?

8 a. Avec quel bois Outa-napishti a-t-il construit l'Arche ?
b. Quelle est sa forme? Combien a-t-elle de pièces ?
c. Qui Outa-napishti a-t-il fait monter dans l'Arche ?

9 Quels sont les premiers signes du déluge ?

10 a. « les épées de la pluie » (l. 205) ; « Déluge, tel un jeune monstre » (l. 208) : quelles sont les figures de style utilisées ?
b. Quels sont les effets du déluge ? Relevez les mots appartenant au champ lexical de l'eau et à celui de la destruction.

11 Quelles qualités Outa-napishti tente-t-il de faire triompher dans l'Arche ? Quels défauts doivent-elles remplacer ? Relevez les termes antonymes (qui s'opposent).

12 Quel moyen Outa-napishti utilise-t-il pour s'assurer de la baisse des eaux ? Combien de tentatives fait-il ?

Les dieux et les hommes

13 a. Quelle mission le dieu Éa a-t-il confiée à Outa-napishti ?
b. Quelle est la première action d'Outa-napishti, une fois à terre ?

14 a. Pourquoi le dieu Enlil est-il furieux de voir qu'il reste des survivants au déluge ?
b. Pour quelle raison les dieux ont-il besoin des hommes ?

15 Quel cadeau Enlil fait-il à Outa-napishti ? Quel sera le « prix à payer » ?

Lire et comparer

L'épopée de Gilgamesh présente la plus ancienne **version du déluge** que nous connaissions. Les récits de déluge, considéré comme un châtiment divin, se retrouvent dans beaucoup de mythologies et textes fondateurs des grandes religions.
Voici le récit biblique du déluge présenté dans la Genèse. Les hommes se sont rendus coupables de mauvaises actions. Dieu décide de les punir ; il décide toutefois de sauver Noé, un homme juste et droit.

Dieu dit à Noé : « La fin de tout être vivant est arrivée, je l'ai décidé, car la terre est pleine de violence à cause des hommes et je veux les faire disparaître de la terre. Mais avec toi je veux conclure une alliance afin que tu ne périsses pas avec eux. Fais-toi une arche comme je te le dirai, tu y entreras, toi et tes fils, ta femme et les femmes de tes fils avec toi. Pour moi je vais amener le déluge sur la terre pour exterminer de dessous le ciel toute créature ayant souffle de vie : tout ce qui est sur la terre doit périr. »

« Voilà comment tu deviendras immortel ! »

Dieu expliqua à Noé comment faire le grand bateau de bois. « Tu feras à l'arche un toit par-dessus, tu placeras l'entrée de l'arche sur le côté et tu feras un premier, un second et un troisième étage. » Noé agit ainsi ; tout ce que Dieu avait commandé, il le fit.

Dieu lui ordonna de faire entrer dans l'arche deux êtres vivants de chaque espèce : un mâle et une femelle, pour les garder en vie. Noé fit comme Dieu le voulait. Il prit dans l'arche un couple de tous les animaux qui courent et qui volent, du plus grand au plus petit, afin qu'ils survivent, et il prit des provisions pour lui et tous les animaux. En toute chose il obéit à Dieu et fit tout ce que Dieu lui avait commandé.

Et Dieu dit : « Encore sept jours et je ferai pleuvoir sur la terre pendant quarante jours et quarante nuits et j'effacerai de la surface du sol tous les êtres que j'ai faits. Entre dans l'arche, toi et toute ta famille, car je t'ai vu seul juste à mes yeux parmi cette génération. » Et le Seigneur ferma la porte sur Noé.

Au bout de sept jours, les eaux du déluge vinrent sur la terre. Toutes les sources du grand abîme jaillirent et les écluses du ciel s'ouvrirent. La pluie tomba sur la terre pendant quarante jours et quarante nuits, les eaux grossirent et soulevèrent l'arche qui fut élevée au-dessus de la terre. Les eaux montèrent de plus en plus sur la terre et couvrirent toutes les plus hautes montagnes qui sont sous le ciel. Alors périt tout ce qui se mouvait sur la terre : oiseaux, bestiaux, bêtes sauvages, tout ce qui grouille sur la terre et tous les hommes. Le Seigneur fit disparaître tous les êtres vivants qui étaient à la surface du sol, depuis l'homme jusqu'aux bêtes, aux bestioles et aux oiseaux du ciel : ils furent effacés de la terre et il ne resta que Noé et ce qui était avec lui dans l'arche. Les eaux furent grosses sur la terre pendant plusieurs semaines.

Alors Dieu se souvint de Noé et de toutes les bêtes qui étaient avec lui dans l'arche ; Dieu fit passer un vent sur la terre et les eaux désenflèrent. Au septième mois, au dix-septième jour du mois, l'arche s'arrêta sur les monts d'Ararat[1]. Les eaux conti-

---

1. Montagne de l'actuelle Turquie.

nuèrent de baisser trois mois durant et les sommets des montagnes apparurent.

Au bout de quarante jours, Noé ouvrit la fenêtre qu'il avait faite à l'arche et il lâcha le corbeau, qui alla et vint jusqu'à ce que les eaux aient séché sur la terre.

Alors Noé lâcha d'auprès de lui la colombe pour voir si les eaux avaient diminué à la surface du sol. La colombe, ne trouvant pas un endroit où poser ses pattes, revint vers lui dans l'arche, car il y avait de l'eau sur toute la surface de la terre ; il étendit la main, la prit et la fit rentrer auprès de lui dans l'arche. Il attendit encore sept autres jours et lâcha de nouveau la colombe hors de l'arche. La colombe revint vers lui sur le soir et voici qu'elle avait dans le bec un rameau[2] tout frais d'olivier ! Ainsi Noé connut que les eaux avaient diminué à la surface de la terre. Il attendit encore sept autres jours et lâcha la colombe, qui ne revint plus vers lui.

Les eaux séchèrent sur la terre. Noé enleva la couverture de l'arche ; il regarda, et voici que la surface du sol était sèche !

Alors Dieu parla ainsi à Noé : « Sors de l'arche, toi et ta femme, tes fils et les femmes de tes fils avec toi. Tous les animaux qui sont avec toi, fais-les sortir avec toi : qu'ils pullulent sur la terre, qu'ils soient féconds et multiplient sur la terre. » Noé sortit avec ses fils, sa femme et les femmes de ses fils ; et tous les animaux sortirent de l'arche, une espèce après l'autre.

Dès qu'il fut à terre, Noé construisit un autel à Dieu, fit un sacrifice et remercia Dieu. Dieu regarda favorablement le sacrifice de Noé, il dit : « Je ne maudirai plus jamais la terre à cause de l'homme […] ». […]

Dieu créa l'arc-en-ciel, le fixa dans les nuages et dit : « Voici le signe de l'alliance que je mets entre moi et vous et tous les êtres vivants. Je mets mon arc dans les nuages et il deviendra un signe d'alliance entre moi et la terre […]. »

La Bible de Jérusalem, extrait de la Genèse 6 à 9, traduit et adapté de l'hébreu. Éditions du Cerf, 1998.

| **2.** Une petite branche tout juste poussée.

« Voilà comment tu deviendras immortel ! » 83

Comparez les deux textes.

16 a. Qui décide du déluge ? Pourquoi ?
b. Dans quel texte les dieux sont-ils divisés ? Dans quel texte est-il le fait d'un seul dieu ?

17 Dans chacun des textes, quel personnage est prévenu de ce déluge ?

18 Quel bateau construisent-ils ? Qui embarque avec eux ?

19 Montrez que le champ lexical de l'eau et de la destruction est présent dans les deux textes.

20 a. Comment les personnages s'assurent-ils de la fin du déluge ?
b. Que font-ils une fois à terre ?

21 Quelle est leur récompense ou leur mission ?

22 Quel texte introduit une dimension religieuse en annonçant une alliance entre Dieu et les hommes ? Quel est le signe de cette alliance ?

Le déluge : Outa-napishti fait construire un bateau pour sauver toutes les espèces vivantes.
Illustration de Zabelle C. Boyajian, *Gilgamesh*, 1924.

Extrait 8

« Accepte ta vie, dès cet instant ! »

Le récit d'Outa-napishti n'a guère apaisé Gilgamesh, toujours jaloux de l'immortalité du sage. Outa-napishti lui lance alors un défi, destiné à mesurer son aptitude à vivre sans fin : rester éveillé sept jours durant. Gilgamesh ne doute pas de sa capacité à le relever. Pourtant, il échoue. À son réveil, prenant conscience de son échec, il est envahi par une immense tristesse et admet sa condition mortelle. Outa-napishti le convainc d'accomplir ce qui lui reste à vivre : « Une ville t'attend et tout un peuple. Ils comptent sur toi. » Gilgamesh décide donc de rentrer à Ourouk, accompagné du batelier Our-Shanabi.

Chapitre 8

[…] En le voyant, hébété[1], la femme d'Outa-napishti le prend en pitié.

« Ne le laisse pas repartir les mains vides. Aide-le. Parle-lui de l'Herbe de Jouvence[2]. »

5   Outa-napishti se laisse fléchir et rappelle Gilgamesh.

« Je vais te confier un secret, lui dit-il. Écoute-le et fais-en bon usage. Il existe une Herbe de Jouvence. Si tu en manges à la veille de mourir, tu gagnes une nouvelle vie, égale à celle qui s'achève. Sa tige est hérissée d'épines et son parfum, léger
10 comme celui du jasmin. Elle pousse dans un gouffre, au fond de l'océan. Mais il n'existe qu'un seul moyen de l'atteindre : te laisser attirer par elle. Sache que tu en portes une semence

---

| **1.** L'air perdu. | **2.** Jeunesse.

dans le cœur. Capte son parfum. Il te conduira vers la plante. »

Gilgamesh écoute comme s'il n'entendait rien. Il pense à l'océan infini. Quelle chance a-t-il de découvrir ce trésor ? Mais, à supposer que le sort lui soit enfin favorable et qu'il trouve l'emplacement, il lui faudra encore descendre au fond du gouffre...

Sur le rivage, des rochers dépassent du sol. Attachés à ses pieds, ils l'entraîneraient facilement. À tout hasard, il en dégage deux qu'il charge sur le bac, puis ils partent. Le souffle d'Outa-napishti les pousse de l'autre côté de la Passe de la Mort et ils entrent bientôt dans la mer vivante, de vagues et de vent.

« Où aller ? Où chercher ?
– Toutes les quêtes ont un commencement. Et ce commencement, c'est toi, ne l'oublie pas. »

Outa-napishti l'a entendu. Il le conseille encore, depuis sa terre, au-delà de la brume. Alors, Gilgamesh ferme les yeux et essaie de se recueillir. Mais tout le distrait : le battement de l'eau contre le bac, l'air dans ses cheveux et ses pensées qui parlent pour ne rien dire, comme dans une assemblée où chacun se coupe la parole.

« Comment ramener le calme ? »

Un souvenir d'Enkidou lui répond. Il le revoit, ouvrant la marche sur le chemin de la Forêt des Cèdres. Il le revoit, chassant, et sa foulée souple effleure le sol. Enkidou, vent avec le vent, herbe avec l'herbe, gibier avec le gibier. Enkidou, si fluide qu'il se prêtait à tous les mélanges.

« Enkidou, mon ami, demeure à mes côtés. Prends ma main et conduis-moi à travers la steppe de mon cœur. »

Et le puissant souvenir d'Enkidou efface toutes les pensées et s'impose.

Gilgamesh s'apaise. Peu à peu, il oublie la mer, son voyage
de retour, sa quête, Outa-napishti, l'immortalité. Il n'entend
plus que les battements de son cœur et Enkidou, à cet instant,
disparaît à son tour.

Sous la mesure du cœur, il distingue un autre tempo[3]. Plus
lent, plus sourd. Il l'écoute longtemps. Il se laisse attirer. Le
son vibre profondément, descend dans les racines du monde.
Gilgamesh le suit, sent qu'il se transforme. Il devient pulsation,
léger comme un parfum. On dirait… une odeur de jasmin !

Gilgamesh ouvre les yeux. C'est lui qui dirige l'embarcation.
Sans en avoir conscience, il s'est installé à la place d'Our-
Shanabi, pendant sa méditation. Autour de lui, l'air sent bon
le jasmin. Ce n'est pas une hallucination. C'est l'Herbe de
Jouvence ! Et si la mer en est parfumée en surface, c'est qu'elle
est là, au fond ! Il a trouvé l'endroit !

Vite, il attache les rochers à ses pieds, plonge et se laisse
entraîner dans la nuit du gouffre marin. Un milliard de bulles
le conduisent dans sa chute. Bientôt, une lueur l'appelle. C'est
l'Herbe. Elle resplendit. Sur un fond de sable clair, elle éclaire
l'obscurité autour d'elle.

Gilgamesh la saisit et sa main se larde[4] d'épines. Il l'arrache,
défait les liens qui retiennent les rochers et remonte.

« Gagné ! » hurle-t-il en crevant la mer.

Le bac tangue sous les remous et Gilgamesh grimpe à bord,
où il dépose son trophée.

« Regarde, Our-Shanabi. Je l'ai trouvée. Elle est à moi. Je
vais vivre deux fois. »

Our-Shanabi a repris le gouvernail. Maintenant, il cherche
les vents qui portent vers la terre.

| **3.** Rythme. | **4.** Se pique.

Pendant ce temps, Gilgamesh admire sa merveille. Il l'a étalée à la proue, pour qu'elle prenne ses aises. Penché sur elle, il respire son parfum, comme s'il lapait l'eau d'une source.

L'Herbe de Jouvence se laisse aimer. C'est un joyau[5]. Un flux de vie, discret, circule en elle et fait frémir ses pétales. Elle est émue d'avoir été cueillie. Honorée de rencontrer l'être qu'elle va favoriser.

Gilgamesh, du bout des dents, arrache les épines plantées dans sa main, suce les piqûres. Le jasmin parfume déjà son sang, comme une promesse.

« La preuve que nous sommes faits l'un pour l'autre, n'est-ce pas ? »

Il songe au mystère de sa découverte. Il songe à son cœur, riche d'un trésor qu'il ignorait posséder.

« Dire que la réponse était en moi, toute prête. Elle attendait seulement que je pose la bonne question. »

Chapitre 19

Lorsqu'ils retrouvent la terre, une autre traversée les attend, par monts et par vaux...

En chemin, Gilgamesh échafaude[6] des plans. Cette Herbe qu'il a conquise, il ne peut la garder pour lui seul. Il est roi. Il faut qu'il en fasse profiter son peuple.

« C'est ainsi que je ferai régner l'homme ! »

Les mots d'Outa-napishti ! Ils lui reviennent à l'esprit, comme s'il les inventait lui-même. Cela l'enthousiasme.

« Dès mon arrivée, dit-il à Our-Shanabi, j'expérimente l'Herbe avec un malade sur le point de mourir. Je lui offre une seconde vie. Mon cadeau de retour. Puis, je confie la

---

| 5. Un bijou de grande valeur. | 6. Forme, conçoit.

plante à mes meilleurs jardiniers. Ils trouveront un moyen de la multiplier, par bouturage, par marcottage[7]. Nous en développerons la culture. Des jardins couverts d'Herbe de Jouvence !… Tu imagines cela, Our-Shanabi ? À la disposition de tous. »

Et les projets se développent, se multiplient au rythme de la route qui se déroule, poussés par les rêves.

Un jour, enfin, ils parviennent en vue d'Ourouk. Cernée par son rempart, la ville semble flotter, comme une barque tranquille, sur la lumière fluide de la plaine. Gilgamesh s'arrête pour la contempler. Son cœur s'emballe. L'émotion du retour, mais aussi, c'est étrange, la crainte… Crainte de revoir ceux qu'il a oubliés, qui l'ont peut-être remplacé depuis longtemps. Crainte de retrouver les mille voix de sa ville, son activité incessante, les conflits, les appétits de chacun, le luxe du pouvoir. La solitude qui lui a tant pesé, le dénuement[8] qui l'a épluché comme le racloir du tanneur[9], il a fini par les aimer. Et maintenant qu'il s'apprête à les quitter, il commence à les regretter…

Pourquoi pas renoncer ? Pourquoi pas vivre en nomade ? Ne plus subir les contraintes de sa ville, de sa fonction de roi ? Pourquoi ne pas prendre chaque jour tel qu'il s'offre, à la convenance de l'aube, et ne plus rien décider que pour soi-même ?…

Mais il ne tourne pas les talons. Il évoque ces hypothèses et les écarte, les unes après les autres. Il sait que sa ville et son peuple l'attendent.

« Ils ne se doutent pas du trésor que je leur rapporte, murmure-t-il en confidence à l'Herbe de Jouvence. Si je ne prenais pas la peine de te présenter à eux, ils ne te connaîtraient

---

7. Tige ayant pris racine et destinée à être replantée.
8. Manque de ce qui est nécessaire.

9. Personne qui traite les peaux pour en faire du cuir.

jamais. Quelle occasion gaspillée ! Je vais changer leur vie. »

Et les paroles d'Outa-napishti parlent à nouveau en lui : « Tu seras immortel. Comme tous ceux qui ont honoré l'homme... tous ceux qui ont accompli une œuvre juste. »

« J'ai enfin découvert le moyen », soupire-t-il.

Et il reprend la route.

En passant à proximité d'un étang, l'envie le prend de se décrasser, de se vêtir de propre, avant d'entrer dans sa cité.

Il commence par baigner l'Herbe, longuement. La fatigue de la route et la poussière ont terni son éclat. Il veut lui redonner la fraîcheur qu'elle avait, au sortir de l'océan. Puis il la dépose sur la rive et entre à son tour dans le bain.

« Je ne serai pas long », lui dit-il, comme un amoureux à sa fiancée.

Il se laisse porter, imite la plante qui s'étalait pour mieux se nourrir de l'eau.

Mais un drame, déjà, se prépare à frapper.

Pendant qu'il se délasse, une ombre jaillit sur la rive. Une flèche vivante, gueule ouverte, qui se plante au centre de la cible : l'Herbe ! Elle l'avale d'un trait, fleurs, feuillage, épines et, son méfait consommé, retourne sous la plaine d'où elle était sortie. C'est un serpent noir.

Gilgamesh sent l'ombre passer. Il comprend. Il se jette hors de l'eau, se précipite sur la rive... Trop tard ! Le serpent atteint déjà son abri sous la terre. Il a dévoré le trésor, volé la nouvelle vie qui ne lui était pas destinée, et laissé en partant sa vieille peau, vestige de sa première vie achevée...

Alors, une poigne de bronze se referme sur Gilgamesh et broie son cœur. Il hurle de douleur, tombe à genoux, et reste, bouche ouverte, sans plus un cri, devant l'empreinte que son Herbe lui a laissée sur le sol.

Elle lui appartenait de droit. Il avait su la découvrir.

Pourquoi ?...

165 Le jour passe sur lui. Il demeure figé, comme un dévot[10] en prière. Les choses aussi se taisent alentour. Frôlements, grincements d'élytres[11], feulements[12] lointains... La steppe collabore à son désespoir. Et la nuit vient le recouvrir pour dissimuler son chagrin.

170 Dans son sommeil éveillé, Outa-napishti lui rend visite. Hallucination ou réalité ? C'est bien lui, pourtant. C'est bien son visage paisible.

« Pourquoi m'as-tu trompé, lui reproche Gilgamesh. Je ne te demandais rien. Je m'en allais, vaincu. J'aurais fini par 175 oublier. Pourquoi m'as-tu rappelé ? Pourquoi m'as-tu offert une chance ? Pour avoir le plaisir de me la confisquer ?

– Non ! Seulement pour que tu apprennes à chercher avec ton cœur. Tout ce que tu désires de mieux s'y trouve caché. Inutile de t'épuiser dans des quêtes au bout du monde. »

180 Gilgamesh passe le reste de la nuit à méditer ces paroles et, lorsque le jour se lève, il découvre entre ses mains serrées la mue que le serpent a perdue.

« Vieille peau », marmonne-t-il.

Son visage est devenu lisse, presque transparent. Il a mué, 185 lui aussi. L'Herbe de Jouvence et les projets qu'il en tirait commençaient à peser comme un fardeau. Le serpent l'a soulagé de ce poids. Sous la fatigue, maintenant, perce une légèreté. Il se sent disponible.

« Mais à quoi ?

190 – Ne te pose pas la question. Elle se posera d'elle-même. Et tu sauras y répondre, si tu cherches avec ton cœur. »

Outa-napishti l'a quitté avec le matin, mais sa voix demeure.

---

10. Attaché à une religion.
11. Ailes d'insectes.
12. Cris du tigre.

« Cette vie en plus, c'était reculer pour mieux sauter. La crainte de la mort ne t'aurait pas quitté. Ni ta révolte ni ta violence. Ne te révolte plus jamais. Accepte ta vie, dès cet instant ! Tu ne l'as jamais dégustée en jouissant de ses mille saveurs. Tu l'as toujours dévorée, par peur de la perdre. Quitte cette peur. Deviens un gourmet[13] ! »

Mais, cette voix... Qui parle, en réalité ?

Gilgamesh se retourne et voit Our-Shanabi s'éloigner. Il l'a veillé toute la nuit. Il a accompli son travail de passeur. Il l'a accompagné d'une rive à l'autre de lui-même. Maintenant, il s'en va.

Gilgamesh songe à ses propres nuits de veille, au chevet d'Enkidou.

« Mon doux ami, murmure-t-il, c'est toi qui m'as mis en chemin. Toi, qui m'as fait devenir ce que je suis. »

Et Enkidou lui répond. À moins qu'il ne s'agisse d'Our-Shanabi, d'Outa-napishti, ou de l'Herbe de Jouvence, ou du Jardin-des-Arbres-à-Gemmes, ou de Shamash, peut-être bien. Toutes ces silhouettes se confondent. Toutes parlent de la même voix.

« Chaque instant, dit-elle, contient une étincelle. Cherche-la et toute ta vie deviendra lumière. Ensuite, partage cette vérité avec ton peuple pour qu'elle se répande. C'est cette éternité qui t'attend, Gilgamesh. Elle se trouve au bout de ton chemin. Mais... acceptes-tu de le suivre ? »

Gilgamesh regarde Ourouk devant lui. Il sourit. Il a fait la paix avec lui-même. Alors un mot, premier de sa nouvelle vie, s'élève de son cœur, parle dans l'air et prend la mesure du monde :

« Oui ! »

---

13. Qui apprécie une nourriture raffinée.

Questions

Repérer et analyser

L'Herbe de Jouvence

1 Pourquoi Outa-napishti décide-t-il de parler à Gilgamesh de l'Herbe de Jouvence ?

2 a. Quel est l'aspect de cette Herbe ? Citez le texte.
b. Quel est son pouvoir ? Où se trouve-t-elle ?

3 Comment Gilgamesh repère-t-il l'Herbe ? Relevez le champ lexical du parfum et de la lumière (l. 48 à 63).

4 Le vocabulaire mélioratif

> Le vocabulaire mélioratif est utilisé pour donner une image valorisante d'un être ou d'une chose.

a. Relevez trois expressions méliorratives qui désignent l'Herbe, l. 73 à 80 et 154 à 158.
b. Montrez, en citant quelques exemples, que l'Herbe est personnifiée (l. 77 à 85 et 144-145).
c. En quoi l'Herbe apparaît-elle aussi comme inquiétante ?

5 Que veut faire Gilgamesh de cette Herbe quand il sera revenu à Ourouk ?

Le drame

6 a. Qui s'empare de l'Herbe ? Dans quelles circonstances ?
b. Relevez les métaphores désignant le ravisseur (l. 149 à 151).

7 Montrez que l'action s'accélère (l. 154-155, « Gilgamesh […] Trop tard ! »). Pour répondre :
- appuyez-vous sur la longueur des phrases et les verbes d'action ;
- identifiez la forme (verbale / non verbale) et le type de la phrase : « Trop tard ! » Quel est l'effet produit ?

8 Comment Gilgamesh réagit-il à la perte de l'Herbe ?

La leçon

9 Quelle particularité du serpent cet épisode explique-t-il ?

10 a. Quelle leçon de vie Gilgamesh reçoit-il (l. 177 à 179 et 194 à la fin) ? A-t-il vaincu sa peur de la mort ?
b. À quelle tâche se consacrera-t-il ?

« Accepte ta vie, dès cet instant ! »

c. Quelles sont les différentes voix qu'il croit entendre et qui lui donnent cette leçon ?
d. Quelle pensée a-t-il pour Enkidou ? Que lui doit-il ?

11 Où Gilgamesh arrive-t-il ? Montrez que son voyage prend fin là où il a commencé.

Écrire

Écrire une suite
12 Imaginez le retour du roi à Ourouk.
Consignes d'écriture :
- racontez l'accueil qui lui est fait ;
- introduisez un dialogue : au cours de la soirée, Gilgamesh répond aux questions de ses proches ; il leur raconte ce qu'il a vécu et leur fait part de la leçon qu'il a reçue.

L'herbe magique et le serpent. Illustration de Zabelle C. Boyajian, *Gilgamesh*, 1924.

Questions de synthèse

Le récit de Gilgamesh

La progression du récit

1 Comment Gilgamesh se comporte-t-il envers ses sujets, au début du récit ?

2 a. Dans quel but les dieux créent-ils Enkidou ?
b. Comment les deux hommes deviennent-ils amis ?

3 Quels exploits Gilgamesh et Enkidou accomplissent-ils ensemble ?

4 Qu'arrive-t-il à Enkidou ? Pourquoi ?

5 Pourquoi Gilgamesh parcourt-il le monde ? Que recherche-t-il ?

6 a. Qui est Outa-napishti ? Qu'apprend-il à Gilgamesh ? Quel cadeau lui fait-il ?
b. Quel événement se produit alors que Gilgamesh est sur le chemin du retour ?

7 Comment l'épopée se termine-t-elle ?

Le cadre

8 Où la ville d'Ourouk se trouve-t-elle ?

9 Associez chaque lieu à une action :
■ **Lieux : a.** la ville d'Ourouk. **b.** la rive de l'étang. **c.** la Forêt des Cèdres. **d.** la steppe. **e.** une crique au bord de la mer.
■ **Actions : 1.** la création d'Enkidou. **2.** le combat entre Gilgamesh et Enkidou. **3.** le combat contre Houmbaba. **4.** le vol de l'Herbe de Jouvence. **5.** la rencontre avec Sidouri, la tavernière.

Les personnages

10 Quel est le caractère de Gilgamesh au début du récit ?

11 Quel est le mode de vie d'Enkidou avant qu'il ne rencontre Gilgamesh ?

12 En quoi Gilgamesh et Enkidou sont-ils opposés et semblables ?
13 Qui sont Sidouri, le passeur, Outa-napishti ? Quel rôle jouent-ils auprès de Gigamesh ?

L'écriture épique

14 Quelles sont les caractéristiques de l'épopée ?
15 Citez les dieux qui apparaissent dans l'épopée. Quel est leur rôle ?
16 Quels sont les monstres que Gilgamesh doit combattre ? Caractérisez-les.
17 Quel est le rôle des rêves dans l'épopée ? Citez un ou deux exemples de rêves. Dites qui rêve et de quoi.

Les grands thèmes de l'épopée

18 L'amitié
Relevez des passages qui montrent la force de l'amitié qui lie Gilgamesh et Enkidou.
19 La mort et l'immortalité
a. Qu'advient-il des hommes après leur mort ?
b. Gilgamesh est-il devenu immortel ? Justifiez votre réponse.
20 La leçon
a. Quelle leçon de vie Gilgamesh a-t-il tirée de ses aventures ?
b. En quoi le personnage a-t-il évolué entre le début et la fin du récit ?

Faire un exposé

21 Faites un exposé sur la naissance de l'écriture. Qu'est-ce que l'écriture cunéiforme ?

Index des rubriques

Repérer et analyser

La ville d'Ourouk 13
L'énumération 13
Le champ lexical 13
Le personnage de Gilgamesh 13
Les caractéristiques de l'épopée :
Le merveilleux 14, 27
Les suffixes 14
Le cadre 27, 37
La création d'Enkidou 27
L'écriture épique 27
La rencontre entre Gilgamesh
et Enkidou 27
La personnification 37
La comparaison, la métaphore 37
Le combat épique 37
Le thème de l'amitié 38
La progression du récit 38
Le monde des dieux 46
Le chantage 46
L'exploit épique 46
La provocation 47
La fin de l'épisode 47
La maladie 56
Le Royaume des Morts 56
Les rêves 56
La perte de l'ami 57
Le voyage initiatique 67
L'évolution de Gilgamesh 68
La rencontre avec Outa-napishti 79
Le récit du déluge 79
La leçon 79, 92
Les dieux et les hommes 80
L'Herbe de Jouvence 92
Le vocabulaire mélioratif 92
Le drame 92

Étudier le vocabulaire 14

Écrire 14, 28, 38, 68, 93

Se documenter 15

Étudier la langue 47, 57

Lire et comparer 80

Table des illustrations

Plat 2	ph © Erich Lessing/Akg-Images
2	ph © Gianni Dagli Orti/The Art Archive/Picture Desk
7	ph © The Bristih Museum, Londres. Distr RMN/The Trustees of British Museum
15 bd	ph © Jérôme Galland/RMN
15 bg	ph © C & J. Lénars/Hoa Qui/Eyedea
36	ph © Franck Raux/RMN
45	ph © Collection Dagli-Orti/Musée Deir-ez-Zor/Alfredo Dagli-Orti
53	© Coll. Poisson pilote/Dargaud, Paris
60	ph © C. Larrieu/RMN
83, 93	ph © Mary Evans/Keystone/Eyedea Presse
Plat 3	ph © Dagli-Orti/Musée archéologique Alep, Syrie/Gianni Dagli-Orti

et 2, 13, 14, 15, 27, 28, 37, 38, 46, 47, 56, 57, 67, 68, 79, 80, 81, 82, 83, 92, 93 (détail)
ph © Archives Hatier

Iconographie : Hatier Illustration	Cartographie : Noël Meunier
Graphisme : Mecano-Laurent Batard	Édition : Anne Bleuzen
Mise en page : Dominique Grelier	

Achevé d'imprimer par Hérissey/Qualibris à Évreux (Eure) - France
N° d'impression : 122548 - Dépôt légal : 93642 - 5/08 - Juin 2014